UN BOUQUET DE LUMIÈRE

Les fleurs du yoga

© 2024 Anne Merville
Édition : BoD · Books on Demand,
31 avenue Saint-Rémy, 57600 Forbach, bod@bod.fr
Impression : Libri Plureos GmbH, Friedensallee 273,
22763 Hamburg (Allemagne)
ISBN : 978-2-3225-1593-6
Dépôt légal : Décembre 2024

Un bouquet de lumière, offert,
L'infini dans un regard,
Le cœur ouvert en prière,
Au silence vibrant du nectar
Du son pur dont l'âme se désaltère,
Se reconnaît dans ce miroir,
Et, libre, s'envole dans l'éther.

Sarasvati/Anne Merville

INTRODUCTION :

Ce petit livre est un hommage à SRI GURU YOGI MATSYENDRANATH MAHARAJ, natha-yogin de la Nath-sampradaya (tradition vivante de connaissance spirituelle Natha) et chef spirituel du monde occidental de la tradition du Nath-yoga

Il a suivi une formation en Sree-vidya et en Shakta-tantra, ainsi qu'en tradition Nath, Son « mula-Guru » (guru fondamental) est Yogi Mitlesnath Maharaj.

La tradition Natha (Natha Sampradaya) est une tradition indienne de yoga authentique et ancienne, qui est reconnue comme l'ancêtre fondateur et la gardienne des traditions du tantra et du hatha-yoga. Elle a été fondée par Guru Gorakshanatha, qui est considéré comme une manifestation de Shiva en Inde. Mahayogi Gorakshanatha est connu comme le fondateur du Hatha Yoga, qui est aujourd'hui pratiqué dans le monde entier.

Les photos et les paroles de Yogi Matsyendranath Maharaj choisies ici sont comme un bouquet de lumière.

Ces fleurs du yoga peuvent être support de méditation, source d'inspiration. Elles exhalent un parfum merveilleux, rappelant à nos âmes le monde éternel qui est le leur.

Voici donc quelques gouttes de nectar, lesquelles, je l'espère, sauront désaltérer vos âmes

Yogi est une âme libre, parfaitement libre. Aussi, je ne vais pas expliquer son parcours, ni essayer de le « définir ». Il est indéfinissable, car il a réalisé l'unité en lui-même.

Selon les Puranas, il est dit que chaque face du mythique Kailash, la montagne sacrée, demeure de

Shiva, considérée comme l'axe du monde, est composée d'un joyau différent.
Le Nord-est de l'or, le Sud-est du lapis-lazuli, l'Est est du cristal, et l'ouest est du rubis.
A l'instar du Kailash, par sa « sadhana » (pratique spirituelle) profonde, sa discipline exemplaire, sa dévotion pure et sincère, Yogi est devenu un pur joyau.

Voilà ce que j'aimerais vous dire simplement de lui :

Ses yeux sont comme des saphirs, dans lesquels se reflète l'immensité du ciel et des océans, des lacs et des montagnes, des forêts et des déserts, et bien au-delà : l'éternité.
Leur éclat est celui de la vérité, unique, resplendissante de pureté.
Leur profondeur est celle de la connaissance transcendantale, celle de celui qui s'est unifié à la splendeur de l'infini.
J'ai soif d'absolu, alors j'y plonge avec joie, comme dans les eaux pures du lac Manasarovar.
Je vous le dis, un seul de ses regards peut transformer une vie.

Ses pieds glissent sur la terre, plus qu'ils n'y marchent. Chacun de ses pas est une prière. Son souffle ininterrompu en soulève la poussière devenue sacrée, laquelle s'élève au plus haut et retombe en semences de lumière dans les cœurs ouverts.
Je vous le dis, un seul de ses pas peut faire fleurir des rivières de diamants.

Ses mains s'ouvrent comme les ailes d'un oiseau, dessinant, avec grâce, dans l'air des gestes ciselés d'or.
La douceur qui en émane est un baume pour l'âme.
Je vous le dis, un seul de ses gestes est une averse de

bénédictions.
Le miroir de son cœur est d'une telle pureté, que seul le divin peut s'y refléter. Une transparence telle, que seule la vibration première peut y résonner.
Je vous le dis, un seul de ses battements peut faire jaillir un océan de félicité.

Karunamayi/Caroline R., mon âme jumelle, se joint à moi pour déposer à ses pieds toute notre gratitude, notre amour le plus pur, et prendre refuge de sa miséricorde. Nous rendons hommage à Sri Guru Yogi Mitleshnath Maharaj, Sri Guru Yogi Kamalnath Maharaj, ainsi qu'à toute la parampara de Nath-Sampradaya.

Tel un phare, Yogi montre le chemin le plus sûr. A chaque personne de choisir dans quel sillage elle conduira sa barque...

Yogi Matsyendranath Maharaj avec son mula-Guru, Yogi Mithlesnath Maharaj

Quelques fleurs du yoga

Dvija-sevita-sâkhasya sruti-kalpa-taroh phalam/
Sâmanam bhava-tâpasya yogam bhajati sajjanah// 3

« Les gens de bien ont recours au yoga, fruit de l'arbre divin, exauçant tous les souhaits qu'est la Révélation védique, dont les branches sont habitées par ces oiseaux que sont les deux-fois nés, car ce fruit remédie aux afflictions de l'existence et apaise la soif de vivre. »

Goraksha-sataka, La centurie de Goraksha, traduit du sanskrit par Tara Michaël, éditions Almora, 2012, vers 3

Âsanam prâna-samyâmah (a) pratyâhâro'tha dhâranâ/
Dhyânam samâdhir etâni yogângâni bhavanti sat// 4

« Posture, maîtrise du souffle, retrait des sens, fixation de l'attention, méditation continue, enstase finale, tels sont les six degrés du yoga. » »

Goraksha-sataka, la centurie de Goraksha, traduit du sanskrit par Tara Michaël, éditions Almora, 2012, vers

Un yogi est celui qui a réalisé en lui-même l'union parfaite de l'esprit et du corps, l'harmonie de Dieu avec sa création, dont le point culminant est le corps du yogi.

La tâche du yoga est de trouver ce qui est éternel, et ce qui est applicable toujours et partout.

Vous devez être simple comme un enfant, mais en même temps prudent. Pas besoin de trop sauter dans l'ascétisme et en même temps de ne pas être lié à la "matérialisation", apprendre à écouter le plan subtil, mais ne pas tomber dans le fantasme, agir activement dans le monde, mais ne pas s'y attacher.

Tout ce qui est étudié profondément et sérieusement conduit à une expérience métaphysique. Plus je pratique le tantra, le yoga, plus je comprends à quel point c'est vraiment scientifique. Une façon de se connaître et de connaître la réalité.

Le yoga est un processus psychophysique et métaphysique dans sa forme traditionnelle. Tout d'abord, pour les yogis, l'essentiel est ce qui se passe dans l'esprit, dans l'âme, tout le reste est secondaire.

Il y a de nombreuses interprétations du yoga, l'un des sens est « connexion », quelque chose qui pénètre tout et unit de cette façon. C'est-à-dire que c'est une sorte d'environnement ultra subtil, ce qu'on appelle Brahman (Dieu, l'absolu), qui est plus pratique à utiliser pour une expérience transcendante, dépassant les limites d'un cadre. En fait, c'est une sorte d'état supérieur qui vous révèle comme atman, comme vrai Soi, l'âme éternelle.

Nous avons deux naissances primaires, physique et spirituelle. Quand la lumière de kundalini (puissante énergie spirituelle lovée, située en bas de la colonne vertébrale) s'éveille à l'intérieur, l'état de conscience, l'esprit se révèle. Lorsque cette pureté et cette lumière sont révélées du cœur de notre être, alors le corps est illuminé de la lumière de notre nature innée, alors, ce que de nombreux textes yogiques appellent « kaya-siddhi » se réalise.

Le yoga n'est pas une technique. C'est quelque chose de très sérieux en Inde. C'est le chemin, c'est pour toute la vie. Pourquoi ? Parce que la santé, un psychisme sain, c'est important tout le temps.

Prâno deha-sthito vâyur âyâmas tan-nobandhanam (a)/
Eka-sivâsanayi mâtrâ tad yogo gaganâyate (h)// 42

« Le prânâ est le vent (vayu) qui se tient dans le corps, et l'élongation du souffle (ayama) est le fait de retenir captif ce prana. Quand la mesure (du prolongement) arrive à la capacité de demeurer sur une seule respiration, ce yoga fait atteindre le Ciel. »

Goraksha-sataka, La centurie de Goraksha, traduit du sanskrit par Tara Michaël, éditions Almora, 2012, vers 42

Âsanena rujo hanti prânâyâmena pâtakam/
Vikâram mânasam yogi pratyâhârena sarvadâ// 54

« C'est par la posture que le yogin détruit toujours les maladies, par le pranayama qu'il efface le péché, et par la rétraction des sens (pratyâhârâ) qu'il vient à bout des perturbations mentales. »

Goraksha-sataka, La centurie de Goraksha, traduit du sanskrit par Tara Michaël, éditions Almora, 2012, vers 54

**Baddhapadmâsano yogi prânam candre pûrayet/
Dhârayitva (a) yathâ sakti bhûyah recayet// 43**

« Le yogin assis dans la posture du lotus ligaturée doit inspirer le prâna par la lune, puis ayant retenu son souffle dans la mesure de ses forces, il doit expirer par le soleil »
(Par la lune signifie ici par la narine gauche où circule « ida » de nature lunaire. Par le soleil signifie par la narine droite, où circule « pingala », de nature solaire.)

Goraksha-sataka, La centurie de Goraksha, traduit du sanskrit par Tara Michaël, éditions Almora, 2012, vers 43

**Amrto dadhi (a) samkâsam ksirodadhavala-prâbham (b)/
Dhyâtva candramayam bimbam prânâyâme sukhi bhavet// 44**

« Dans ce type de pranayama, si l'on médite sur le disque lunaire dont la blancheur est comparable à celle du lait de la vache et qui ressemble à un océan de nectar, on devient extrêmement heureux. »

Goraksha-sataka, La centurie de Goraksha, traduit du sanskrit par Tara Michaël, éditions Almora, 2012, vers 44

L'esprit dépend de prana (souffle-énergie vitale cosmique et inhérent à l'individu), s'il est difficile à contrôler, toujours instable, alors il vaut la peine de recourir à pranayama. Essayer d'observer les conditions pendant les asanas (postures), comment la respiration affecte le corps et vice-versa, de plus, le corps se déploiera progressivement et avec le temps cet état deviendra normal, naturel. La respiration joue un rôle spécial dans le contrôle du corps et de l'esprit, donc j'y consacre beaucoup de temps dans mes conférences et séminaires.

Pranayama signifie « prana » (énergie vitale) et ayama (extension, étirement, augmentation). C'est la pratique qui élargit les caractéristiques standard de l'énergie vitale et de la conscience (car cela dépend du prana). Les fluctuations de la conscience (vritti) et les vibrations du prana (prana-nirodha) devraient disparaître. Plus vous atteignez une réalisation élevée du pranayama, plus votre esprit est paisible, y compris les émotions, qui dépendent de l'esprit.

Grâce à la respiration, nous retrouvons l'état parfait du corps et de l'esprit. Les mécanismes de défense du corps, le système immunitaire, sont rétablis. Nous ne traitons pas seulement certaines maladies, mais nous nous rendons en bonne santé en général.

Le pranayama, en général, mène à la méditation, à « dhyana », et finalement au « samadhi » (point culminant de la méditation, état d'unité avec la conscience universelle). Pranayama est la plus importante pratique du hatha-yoga et également du raja-yoga. Quand vous régulez le prana, vous allez vers la méditation. Si vous allez profondément en « dhyana » (méditation, recueillement), alors vous allez automatiquement entrer dans la régulation du prana, c'est-à-dire de la force de vie.

Vous savez, il y a un « kanda » dans le corps. Kanda c'est une sorte de bourgeon, si vous le traduisez littéralement, où une fleur est dans son potentiel. On peut dire que la fleur est votre conscience, c'est la kundalini, c'est l'énergie de la floraison, l'énergie de la croissance. (…) C'est notre énergie qui fleurit, se déploie. La kundalini, elle, commence à s'épanouir, s'ouvre et dans toutes les directions.

Si la respiration et le flux vibratoire se propagent facilement dans notre système énergétique, cela signifie que nous avons beaucoup de force vitale et nous voyons de plus en plus d'opportunités, d'interconnexions à l'extérieur. Cela se passe sur fond de relaxation et de silence intérieur.

Il y a les points de vidange maximale – « shunya »(vide) et de plénitude maximale – « purnam » entre l'inspiration et l'expiration.

Pendant l'inspiration et l'expiration, vous importez l'état de ces deux points dans le processus d'inspiration et d'expiration.

Dans la tradition Nath, la puja (rituel d'hommage, d'adoration) principale est effectuée après le sommeil et avant le coucher, car l'état de la puja s'applique à toute la journée et à la nuit. Notre corps subtil a aussi ses propres "jours et nuits", ils sont également associés à l'inspiration et à l'expiration. Le but du pranayama est de conduire à une intégration progressive de la diversité du prana, qui est causée par l'inspiration et l'expiration. Cela se produit en rendant la respiration plus subtile et, par conséquent, votre esprit devient clair.

Le but du yoga moderne est de faire du pranayama une technique de respiration, parce que tous les yogis modernes estiment que les techniques de respiration sont bonnes pour la santé. Mais, les anciens objectifs du yoga étaient « samyama »(contrôle du psychophysique) et « samadhi » (stade ultime de la méditation, état d'unité avec le Divin, enstase). Je suis honnête et je dois vous dire que par le yoga moderne, vous ne pouvez pas atteindre l'état de yoga. Si vous souhaitez suivre le yoga traditionnel, vous devez repenser l'ensemble du yoga moderne et vous couper beaucoup de lui.

Essayez d'observer où les flux d'énergie passent en douceur. Là où ça ne passe pas facilement, il y a généralement un blocage dans les canaux énergétiques. Une inspiration et une expiration sont comme un cercle, une circulation ronde. Nous essayons « d'expirer » la zone de la tête, la tête devient vide, pour le dire autrement, je dirai la sobriété de la conscience. On peut dire que c'est l"esprit spirituel, l'esprit pur, naturel. C'est un esprit qui est rempli de prana, de puissance vitale, un esprit revitalisé, éveillé.

Quand l'esprit se raidit, l'énergie se raidit aussi, nous essayons de les libérer, de les réveiller. (..) Ce n'est pas quelque chose d'anormal, c'est juste notre état inné, notre nature. Grâce à la respiration, nous retrouvons l'état parfait du corps et de l'esprit.

Dans « mulabhanda » (verrouillage énergétique psychomusculaire entraîné par la contraction du périnée), on pousse vers le haut « apana » (énergie vitale située sous le nombril), un torrent d'énergie descend. Il existe des canaux énergétiques dans les nombreux organes fonctionnels du corps et pour que ces fonctions fonctionnent, par exemple la miction, il faut une certaine quantité de prana. Si vous les ralentissez, vous augmentez le volume du prana Vous savez, il y a la « kshurika upanishad », « kshurika » signifie « axe », vous coupez divers pranas, divers instincts et le prana va à la « sushumna » (canal central).

« Anuloma viloma » affecte les deux canaux, Ida et Pingala. Ces deux canaux sont reliés au travail du corps physique et de l'esprit. Aussi, ils contrôlent les autres canaux, qui sont reliés aux sens (yeux, oreilles, bouche, etc..). Beaucoup de gens pensent qu'anuloma-viloma est un simple pranayama, mais il est connecté avec des choses complexes concernant la psychophysique de l'homme.

Une fois que les canaux Ida et Pingala sont adoucis grâce à la pratique d'anuloma-viloma, le prana devient lisse et propre et passe librement dans le canal central, la « sushumna », ce qui augmente la force vitale et apaise le mental.

Nous expirons en douceur, vers le haut, c'est un processus contemplatif, comme un état de dissolution, de calme et nous essayons de garder cet état de calme. Mais, il ne faut pas en faire trop. Il y a deux sortes de rétentions, une après inspiration et une après expiration. Celle après l'expiration est connectée à la relaxation. Si votre système sympathique travaille excessivement, alors vous avez besoin de reposer, c'est pour cela que la rétention à vide est faite. La rétention à plein maintient la puissance vitale, c'est un rajeunissement du corps.

Le pranayama (prana =énergie vitale, ayama = extension, étirement) et la pratique du mantra purifient, calment l'esprit et cela se reflète dans le corps.

En Inde, une inspiration est associée à « boire du prana ». En quelque sorte, vous buvez de l'air, en douceur, comme un flux d'une grande fluidité. Ensuite, vous vous relâchez en douceur.

Certains yogis identifient une inspiration avec une journée et une expiration avec une nuit. Le fait est que si vous respirez profondément, vous pouvez tomber dans une autre dimension et vous pouvez avoir l'impression qu'une journée et une nuit ont passées.

Samadhi est le rassemblement de tous les aspects de la conscience, l'implication totale dans la concentration. Le pranayama est essentiellement la même chose, mais avec des pranas dans le corps. Dans un premier temps, à travers sahita-kumbhaka nous nous dirigeons vers le kevali, la réalisation complète du kevali est le samadhi. Kevali se produit lorsque le chitta est complètement calmé. À chaque étape de la pratique, dans le yoga authentique, nous essayons de ne jamais oublier l'objectif principal de nous concentrer sur le Plus Haut (Parama Shiva ou Parabhraman).

Quelles que soient les critiques ou les théories qui classent le pranayama comme un simple anava-upaya (moyen mineur), je le place très haut dans ma compréhension.

Au fil de mes années de pratique, j'en suis arrivé à la conclusion que le yoga, la méditation et bien plus encore, pour différentes raisons, ne font qu'un. (…) La méditation se produit lorsqu'on éveille le pouvoir de kundalini (énergie puissante lovée en bas de la colonne vertébrale). La méditation n'est, en général, pas un exploit, mais la capacité d'être soi-même.

Traditionnellement, on associe le pranayama à la hatha-yoga, mais mon expérience personnelle, même sans référence aux textes, m'a appris qu'elle ne produit pleinement ses effets qu'en lien avec la raja-yoga. Mon expérience a été confirmée par Shyamakant Dwivedi, et plus tard, j'ai retrouvé ces idées dans divers textes. Il disait que le pranayama peut purifier la conscience des vasanas (tendances latentes) et des états incontrôlables des samskaras (empreintes mentales du passé).

La déesse Prana et la déesse Shakti nous libèrent du temps. Vous avez l'impression de sortir de la perception habituelle du temps. Ensuite, vous voyez la plénitude, l'image entière du monde dans son ensemble. Lorsque cette perception se révèle à vous, vous effectuez des actions dans un pur état de conscience, vous ne perdez pas votre temps à corriger des erreurs. Les actions deviennent courtes et parfaites. La respiration est la clé de cet état.

« Khâdyate na ca kâlena bâdhyate na ca karmanâ/
Âtmanam na param vetti yogi yuktah samadhinâ//96

« *Il n'est pas dévoré par le temps, il n'est plus ligoté par l'action, il n'est plus vaincu par qui que ce soit, le yogin unifié par la samâdhi* »

Goraksha-sataka, la centurie de Goraksha, traduit du sanskrit par Tara Michaël, éditions Almora, 2012, vers 96.

Certains yogis peuvent, à travers le pranayama, inspiration et expiration, compresser le temps, ils ne font qu'un avec le Divin, qui crée et détruit le temps et l'espace avec son souffle. Sur le plan spirituel, un yogi vit le temps complètement différemment d'une personne normale, pour certains, même les yugis (les 4 cycles de temps de la planète terre : satya, dwapara, trreta, kali. Ces 4 « âges » se succèdent indéfiniment) sont déjà insignifiants. Bien sûr, il est difficile pour une personne ordinaire d'imaginer même avec une riche imagination ce que c'est. Bien qu'un yogi change radicalement sa perception, cela ne signifie pas qu'il devient socialement inadéquat, au contraire, il ne consacre son attention et son temps qu'à la plus importante de toutes les alternatives qu'il puisse voir.

Dans le corps humain, l'énergie vitale, connue comme étant le feu de la « kundalini » (puissance d'énergie lovée, située en bas de la colonne vertébrale), et l'énergie de la conscience sont séparées. La première se situe en bas du corps et la dernière est en haut. Nous avons besoin d'atteindre leur pleine unité, alors l'esprit absorbe une vitalité et trouve la paix. Le corps physique se détend et devient naturellement comme celui d'un enfant. Pour cela, nous devons utiliser la pratique physique et la méditation. (…) La pratique correcte inclut la méditation, la correction du corps et la respiration.

Il s'agit d'un état naturel, il n'y a rien de compliqué et d'artificiel.

Le plan subtil existe, il est lié au plan physique. Chacun peut parfois percevoir quelque chose, mais pas tout le monde. Au fur et à mesure de votre développement, votre intuition deviendra plus forte. Et il est aussi important de comprendre qu'il existe de nombreuses façons de vérifier si votre perception est correcte ou non, car c'est très important. En effet, les moqueries de certains « esprits brillants », selon lesquelles on peut devenir fou, ne sont parfois pas infondées. Mais beaucoup de gens perdent la tête, à un degré ou à un autre, à cause des médias de masse, des tendances sociales malsaines imposées par ceux qui aspirent au pouvoir absolu.

Certitude ne veut pas dire rigidité. La certitude est plutôt une adhésion loyale à tous les éléments de la sadhana (pratique spirituelle) et de l'intention.

La frivolité est générée par l'ignorance, formée par les attachements à être limité dans le temps et l'espace, l'expérience sensorielle, qui se reflète dans la conscience sous la forme d'une incapacité à distinguer et à percevoir adéquatement le monde qui nous entoure. L'inattention au principal et l'attachement au secondaire provoquent une anxiété dans l'âme et des actions frivoles.
Le pratiquant de yoga devrait essayer d'éviter tout cela.

Il y a deux définitions du terme « yoga » que j'aime particulièrement. La première est : « le yoga est samadhi » (enstase, état d'unité avec le Divin). Cette définition se trouve dans les commentaires de Vyassa sur les Yoga-sutras. La deuxième, comme le dit mon Guru : « le yoga est ce qui relie toutes les formes de ce monde entre elles ».
Je ressens une connexion entre les deux points de vue. Le premier imprègne le second et l'équilibre.

Dans le Natha Sampradaya on sélectionnait autrefois certains « tattvas » (réalité, principes essentiels) qui étaient communs à tous, des concepts qui étaient acceptables pour la majorité des traditions indiennes. De sorte que chacun pouvait intégrer ce « yoga apparemment simplifié » dans son « dharma » (ensemble des lois et normes naturelles, cosmiques, personnelles, sociales, familiales) et ce yoga dans son dharma. (…) Mais, cette simplicité a dérouté et déroute encore beaucoup de gens aujourd'hui. Mais elle a aussi son avantage, qui consiste à éliminer des gens qui ne sont pas dignes de cette connaissance. Ces personnes tomberont très probablement dans l'illusion que « la tradition a disparue ».

L'égo fait des blagues cruelles à de telles personnes, mais c'est leur chemin. Les vrais yogis sages ont leur propre chemin, que seul un yogi ayant le même niveau de réalisation spirituelle peut comprendre.

Il faut être prudent pendant les éclipses. Il est nécessaire de faire « snana » (ablutions) avant et après l'éclipse, tandis que pendant l'éclipse elle-même, la pratique du mantra-japa (récitation de mantra) est requise. Cela vous permettra de réaliser rapidement le mantra.

Une éclipse est le processus de consommation du soleil (pingala) et de la lune (ida) avec le feu. (…) Les énergies du feu, du soleil et de la lune sont alignées sur une seule ligne.

« 1 ; Celui qui sait reconnaître tout l'univers, animé et inanimé, à l'intérieur de son corps, ce yogin obtient la compréhension du corps. »

Siddha-siddhânta-paddhati, le guidde des principes des siddha, troisième enseignement : la compréhension du corps (pinda-samvitti) traduit par Tara Michaël, éditions Almora, 2012

**Âsanâni tu tâvanti yâvatyo jiva-jâtayah (a)/
Etesâm akhilân bhedân vijânâti Mahesvarah// 5**

« Les postures sont aussi nombreuses que les espèces d'êtres vivants. Seul le Seigneur suprême connaît distinctement leurs innombrables variétés. »

Goraksha-sataka, La centurie de Goraksha, traduit par Tara Michaël, éditions Almora, 2012, vers 5

Caturâsîti-laksanâm ekam ekam udâhrtam/
Tatah Sivena pîtânâm sodasonam satam krtam// 6

« *D'entre leurs quatre-vingt-quatre centaines de milliers, une représentant chaque centaine de millier a été retenue, c'est pourquoi Siva a fixé le nombre des pitha (socle, siège. Ici, signifie postures) à cent moins seize.* »

Goraksha-sataka, La centurie de Goraksha, traduit par Tara Michaël, éditions Almora, 2012, vers 6

Travailler avec le corps est la base, le fondement, sans lequel l'homme ne peut pas comprendre correctement ce qu'est la méditation.

Mon guru m'a dit que c'est avec le travail avec le corps que vous gagnez la vision correcte de tous les systèmes spirituels. Alors, « hatha-yoga » et la pratique de l'amélioration de votre propre être physique auront un impact sur la vision spirituelle.

Dans la perspective du Tantra, le corps est l'Atma. Nathas croient qu'Atman n'est pas quelque chose de loin de nous, ou abstrait, mais c'est le corps physique. Atma, Siva et Shakti sont les trois principaux « tattvas » (principes de réalité). Shakti se situe dans « sukshma-sharira » (le corps subtil), Shiva est dans « karana-sharira » (le corps causal) et Shakti (Ha) dans Shiva (Tha). Le corps est le « tattva » liaison entre Shiva et Shakti, qui est leur union, « yoga » ou « yamala », comme disent les tantras. Le corps est sacré, il y a toute perfection dans le corps. A travers le corps, vous devenez parfait dans le hatha-yoga et, à travers le hatha-yoga, vous obtenez l'état de parfait équilibre, « samarasya ».

Lorsque la pratique s'approfondit, les asanas peuvent se transformer en mudras (sceau, geste symbolique). Par exemple, « janu-sirsasana », penchez-vous en avant, la tête sur les genoux. Si tout le corps devient engourdi, tous les aspects de votre corps deviennent joints, alignés, puis une rétention s'active, « bandha », et alors, cela devient « mahamudra ».

De la même manière, dans les postures inversées, comme « viparita-karani », lorsque le haut et le bas sont équilibrés, les fonctions du corps descendent, la partie inférieure du corps et la conscience se calment et s'équilibrent.

Le soleil et la lune sont connectés et entrent dans un état d'équilibre. C'est aussi un « mudra ».

Parfois, « manas », le mental, est considéré comme étant le sixième organe de perception, il est relié aux organes de perception et à leurs objets. Lorsque nous nous immergeons dans différents objets, nous nous accrochons à eux, expérimentant ainsi des limitations variées, tombant dans un état de dualité. Si nous allons au-delà d'eux, au-delà de la dualité, au-delà des souffrances et des plaisirs du monde, quand quelqu'un atteint « nivrtti », la cessation de « vrtti », l'absence de tous ces soucis et ces doutes, alors la stabilité de la conscience apparaît, et c'est « moksha », la libération.

Selon la doctrine de Nath, le corps humain est composé du corps physique grossier (sthula sharira), composé de 5 éléments, du corps subtil (sukshma sharira) : émotions, images, rêves, etc....ainsi que la structure énergétique chakras, nadis, adharas) et du corps causal (karana sharira) : karma de la personne, des informations sur ses réincarnations.

Nous ne sommes pas ces corps, nous sommes Atman, l'Esprit éternel, qui s'incarne sous forme humaine, acquiert de l'expérience et des connaissances, des informations, en utilisant un instrument appelé Antahkaran. Antahkaran opère dans le corps subtil, recevant des informations du monde extérieur via les 5 organes des sens.

Dans la tradition de Nath-sampradaya, le corps est désigné par le terme de « pinda », signifiant « collection, montant total » (mais aussi : corps sonore, constitué de l'énergie des lettres du sanskrit) en sanskrit. Selon Nathas, pinda reflète l'univers en lui-même - tous les mondes existants (lokas), les divinités, les lieux sacrés et même les enfers. Ainsi, en connaissant ce micro-univers dans son propre corps, Nath arrive à la compréhension de toute la création.

Dans les asanas (postures), le yogi a un impact sur les organes internes et les systèmes du corps, distribuant le prana uniformément. Avec la pratique quotidienne, il devient de plus en plus perceptible comment l'apport alimentaire affecte le corps et l'esprit. Au fil du temps, on peut remarquer que le processus de manger lui-même affecte non seulement la construction des tissus corporels, mais détermine également les caractéristiques de plan mental humain, qui se reflète en outre sous la forme d'évènements se produisant au cours de la journée et, finalement, sur des situations plus longues dans le temps.

Le corps, il affiche les schémas de notre conscience sous forme de blocages. Pratiquer des postures est bénéfique, mais très calmement, en observant le corps. Ainsi, là où des contractions apparaissent, vous envoyez l'énergie à cet endroit. Vous le dénouez en quelque sorte. Votre corps, c'est comme une feuille, vous l'étirez. Tout commence à se redresser. (…)
Le corps, vous l'observez, vous le regardez, vous communiquez avec lui pendant les asanas, comme avec un être vivant. Le corps vous parle, c'est comme votre miroir, le miroir de votre « chitta », votre conscience, là où se trouvent ces programmes appelés « samskaras ». Donc, en principe, la respiration, même la plus simple, peut changer le karma.

Si un yogi, dans le processus de sa pratique, devient plus beau et plus sain qu'une personne ordinaire, alors cela arrive naturellement. Nous commençons avec les asanas les plus simples, en nous concentrant d'abord sur la position même du corps et du souffle, jusqu'à ce que l'équilibre soit atteint dans l'esprit, le prana et le corps.
Dans la bonne asana, tous les soucis disparaissent tout seul. La respiration devient lisse et même légèrement ralentie, ce qui se produit naturellement avec une pratique quotidienne constante. Asanas nettoient les canaux énergétiques et vous sentez votre corps prendre vie, les spasmes disparaître, la guérison naturelle se produit.
Pratiquement, les asanas donnent aussi une compréhension de ce qu'est le prana (principe vital du souffle et sa manifestation organique).

Je dirais que faire des asanas difficiles n'est pas une pratique intrinsèquement correcte. Parce que Gorakshanath, Patanjali, Abhivana Gupta définissent asana comme « svarupa sthiti », ou « sukham ». Beaucoup de gens disent : « souffrez en asana et vous aurez votre sukham », mais c'est absurde.
Souvent sukham se traduit par « légèreté », mais « sukha » n'est pas seulement légèreté, mais plutôt un état de bonheur. Et comment cela rentre-t-il, me demanderez-vous, avec les asanas qui sont enseignées partout de nos jours ? Ça ne le fait pas.

Sukham est un état primordial, et naturel (sahaja), mais pour beaucoup il est profondément endormi, oublié, perdu. Parfois, ça se manifeste partiellement quand on se détache du principe de forme, ça peut être lors d'évènements inattendus qui donnent une sorte de « kampana » (tremblement de l'esprit du yogi pendant la méditation). En substance, c'est « shakti » et son jeu, donc ce n'est pas par hasard qu'on dit : « autant de yoni (principe d'incarnation de la conscience), autant d'asanas. »

Quand vous venez à la salle de yoga, vous êtes ajusté, vous commencez à admirer votre corps, mais cela va complètement à l'encontre du « vairagya » (détachement) sur lequel le yoga-abhyasa (pratique du yoga) est construit. Parce que vous vous accrochez à la forme, essayez de l'assouplir avec vos perceptions, concepts et autres illusions de l'esprit. En faisant des asanas dans cet état d'esprit, il est impossible d'obtenir le bon effet d'asanas. Le fait est que l'état original sans forme se révèle avec le soutien de la forme, mais très soigneusement. Il y a un principe d'un peu d'effort, mais pas de violence, c'est très simple.

Les textes disent qu'il existe autant d'asanas que de formes vivantes. Les êtres vivants sont appelés « prani » parce qu'ils ont du « prana » (l'énergie vitale, souffle). La respiration de chacun est différente. La respiration d'une tortue, d'un chien, d'une personne, d'un yogi en samadhi (satde ultime de la méditation, état d'union avec le Divin en soi, enstase), etc. n'est pas la même chose. Vous prenez différentes asanas, dans certains une respiration est possible, dans d'autres une autre. Vous pouvez tenir certaines asanas pendant une longue période (selon la variété), d'autres pas très longtemps. Différentes formes de vie ont également des durées de vie différentes. Vous pouvez voir de nombreux parallèles, on peut dire beaucoup de choses sur les asanas, mais ils conduisent tous à une ouverture d'esprit naturelle, au raffinement du prana, qui, une fois raffiné, devient la Kundalini (puissante énergie lovée, située en bas de la colonne vertébrale) éveillée.

Une personne peut faire « abhyasas » (exercices) en imitant le yoga de façon externe, mais s'il n'y a pas de « vairagya » (détachement), qui a grandi avec « tyaga » (renoncement), alors la performance d'asanas (postures) et de « pranayama » (respiration) ne sera pas du yoga.
De plus, cette personne peut même être anti-yoga, si, par exemple, elle poursuit des objectifs non-yoguiques.
D'un autre côté, aussi absurde que cela puisse paraître, une personne qui ne connaît rien aux asanas, peut se révéler plus proche du yoga, si elle fait toutes ses actions avec un état d'esprit léger et détaché, vivant dans l'expérience complète de la réalité, non identifiée à l'égo.
Si au moins une fois, sincèrement, vous vous consacrez complètement à Dieu, alors vous comprendrez ce qu'est la convoitise et le résultat sera la miséricorde.

Selon moi, l'un des principaux signes d'une pratique de yoga véritablement traditionnelle réside dans la transformation des qualités humaines d'une personne.
(...)
Le yoga traditionnelle vise une transformation intérieure, changeant la personne en profondeur.

Chitta, la conscience, est l'espace où sont enregistrées les impressions mentales et l'expérience d'une personne, la localisation des états conscients, subconscients et inconscients de l'esprit, ce qui reflète la conscience supérieure, la conscience spirituelle.

Le mot « chitta » a un double sens. D'une part, c'est tout le champ de l'esprit, de l'autre, son noyau, une des parties de l'antahkaran.

Dans « Siddha Siddhanta Paddhati » (L ;48), les qualités suivantes de « chitta » sont données :

« Intelligence, stabilité, mémoire, détachement, saisie, telle est une chitta de 5 qualités. »

Chitta est décrit par Gorakshanath comme se manifestant dans les états suivants :

1) Matti (intelligence), esprit ou pénétration de la conscience
2) Dhriti (stabilité), affirmation de l'expérience spirituelle ou de la conscience
3) Smriti (mémoire), la capacité de se rappeler et de reproduire les expériences passées
4) Tyaga (détachement), la capacité d'abandonner quelque chose, le sacrifice au nom de gagner plus
5) Svikara (saisir), la capacité d'assimiler et de s'approprier, de créer ce qui s'acquiert par des sources externes

Chitta se manifeste surtout dans la préservation et la renaissance des vieux samskaras (impressions, empreintes résiduelles subconscientes), dans les actions subconscientes de la conscience.

"Adhara" signifie base ou fondation. Dans le yoga, les aspects ésotériques du corps sont appelés adharas. Ce sont les points de transformation du prana et les zones de concentration. Il y a seize adharas. La concentration sur les adharas aide à l'éveil de la Kundalini (puissante énergie lovée, située en bas de la colonne vertébrale)), l'élevant vers le haut, de sorte que dans le stade supérieur de shambhavi-mudra, elle redirige la Kundalini à l'intérieur, pour connecter les « lakshyas » (objets de méditation) intérieurs et extérieurs et atteindre l'état de « vyoma » (pouvoir de l'éther, ciel, vide).

En yoga, le mot adhara est utilisé dans la pratique des mudras comme méthode pour atteindre certains états, et les zones de concentration sont le moyen de transformation de la conscience tandis que la conscience elle-même est un adhara pour la pratique, car quelque chose en nous-mêmes nous force à pratiquer, et la pratique est un moyen de changer la conscience.

Les adharas sont appliqués au stade où les asanas se transforment en mudras. Il n'y a aucun intérêt à méditer sur les adharas dans les asanas, lorsque l'état psychophysique général n'est pas mis en ordre. Lorsque l'on commence la pratique du hatha yoga, l'esprit a tendance à se concentrer naturellement sur certaines zones. Si la pratique des asanas implique beaucoup de tension, il est encore trop tôt pour pratiquer les mudras ou les bandhas.

Si vous prononcez « Om » correctement, méditez-le et comprenez sa signification, vous trouverez que « Om » est le son de « nada » lui-même. « Bhramari » et le son « Om » sont essentiellement identiques. Cette vibration purifie tout le corps subtil et est donc capable de purifier le physique puisqu'ils sont interconnectés. En répétant « Om » ou en « jouant du bhramari », nous imaginons tout notre corps absorbé par les vibrations et dissout nos perceptions habituelles de nous-mêmes en tant que corps etc. C'est aussi une bonne pratique de débroussaillage.

Les textes Nathas et Tantra parlent de la combinaison du yoga et du bhoga. Le monde déborde de bhoga (plaisir, non sacré) et le yoga est également devenu une partie de ce monde, bien que son essence même soit de s'élever au-dessus des illusions du monde, ce qui conduit à l'acquisition de sat-chit-ananda (être, conscience et béatitude), kaivalyananda (l'état divin le plus élevé), après quoi le pratiquant comprend qui il est vraiment. Il existe de nombreux plaisirs éphémères dans le monde, ils sont également vrais, mais leur vérité est également éphémère, donc aucun d'entre eux ne peut être idéalisé.

Mantra yoga, hatha, karma, jnana, etc. Si vous ne voyez pas une seule réalité derrière tout cela et ne vous dirigez pas vers elle, alors une telle fragmentation est un obstacle majeur.

La pratique est ce qui rend un pratiquant adéquat dans ce monde, rend ses actions efficaces, la pratique enseigne comment obtenir un résultat positif avec un minimum de pertes d'énergie. Les yogis sont des personnes mûres, ils n'ont pas besoin de théories abstraites, ils ne voient aucune valeur dans les sannyas théoriques (peut être traduit par : renoncements apparents) et les concepts théoriques de la plus haute réalité au détriment de sa perception holistique. En fait, les yogis ne renoncent pas au monde, mais aux croyances obsessionnelles et superficielles, ainsi qu'aux systèmes de croyances.

La pratique consiste avant tout à revenir à l'essentiel, mais beaucoup vont dans une direction complètement différente. Bien sûr, il n'est pas si facile de comprendre les raisons qui les poussent à cela, mais sans cela, le vrai yoga est tout simplement impossible.

Dans ce monde, il y a toujours eu et il y aura toujours des gens ignorants, des conflits d'intérêts, des guerres, parce que le principe de dualité ne disparaît pas. Mon « advaita » (non-dualité) est ma propre réalisation. Mais il y a ceux qui pensent que cela ne sert à rien : grand bien leur fasse. Quant à ceux à qui cela importe, nous verrons bien.

La stabilité, c'est quand on peut toujours distinguer la principale chose fatidique de son application. Les yogis ne sont pas enchevêtrés dans le secondaire, c'est pourquoi le secondaire les aide à comprendre l'éternel et l'éternel donne un grand sens à ce qui le rend éternel.

« Celui-là atteint la paix, en qui tous les désirs pénètrent comme les eaux dans l'océan qui toujours se remplit et pourtant demeure immobile. Non pas celui qui, comme des eaux troubles et boueuses, est troublé par le moindre afflux de désir. »

Bhagavad-Gîtâ, chapître deux, verset 70

Le vairagya (détachement) est impensable sans réalisation sociale, car la vie elle-même est un moyen de brûler le vase du détachement du pratiquant, devenant ainsi "adhara" (point de concentration) pour le développement de cette qualité. La société est instable, des changements s'y produisent constamment, par conséquent, pour gagner la paix, il faut être capable d'éviter les attachements aux diverses manifestations de ce monde. Quand on a le sentiment que le monde nous a pris dans un étau, privant notre propre conscience de soi, c'est le signe d'une mauvaise attitude à son égard.

L'attitude envers vairagya (détachement) est souvent négative car elle est devenue une partie de la société et non une propriété de l'âme. En fait, c'est la vraie nature d'un être vivant, et cela n'a pas besoin d'être créé d'une manière ou d'une autre, c'est inhérent à notre nature même. Vairagya s'éveille lorsque l'on atteint naturellement la maturité de l'âme.

Associé à des termes ascétiques tels que « sannyasa » (abandon des choses du monde pour se concentrer sur le spirituel) et « tyaga »(renoncement aux attachements, aux fruits des actions), vairagya signifie avant tout un état intérieur, où la conscience réalise l'impermanence de l'existence.
Une personne avec vairagya perçoit le bonheur et le malheur avec un détachement égal, maintenant la paix intérieure au milieu d'évènements extérieurs ou intérieurs.

Le détachement est l'une des qualités fondamentales de Dieu. L'abandon de toute identification au monde fait du yoga une pratique à part entière selon les idées de Naths. Ceux qui pratiquent la sadhana le font souvent par vanité, par orgueil de leur connaissance théorique de la spiritualité, cherchant à profiter de leur ego subtil sous le couvert du yoga, et par conséquent, ce n'est que par le renoncement que l'on peut devenir un véritable avadhut et un yogi détaché.

Quand une personne me dit : « Regarde les belles méthodes de cette tradition. Pourquoi n'y vas-tu pas ? » J'ai alors l'impression que ces gens et moi ne sommes semblables que dans le sens où nous avons des corps humains et c'est tout. (…) Toutes ces allées et venues et ces retours me paraissent absurdes, car toutes les pratiques spirituelles visent l'atman immuable (l'âme individuelle éternelle).

Il y a un principe général : on passe du grossier (sthūla) au subtil (sūkṣma), de l'extérieur (bahir) à l'intérieur (antar), de l'objectif au subjectif. Par conséquent, entre les pratiques extérieures et la Sahaja (naturelle, spontanée), on insère parfois une étape yogique, car elle est également tournée vers l'intérieur. Cependant, il est important de ne pas confondre cela avec ce que beaucoup de professeurs modernes appellent "yoga".
Dans son essence traditionnelle, le yoga vise à révéler ce qui est essentiel et inné.

Toutes les formes, qu'elles soient belles ou laides, ne sont que des mirages ; les poursuivre n'est pas une orientation spirituelle en général.

De plus, je n'ai que peu d'inquiétude pour le signe « tradition », à moins qu'une personne, que ce soit dans cette tradition ou ailleurs, n'ait révélé en elle-même la pureté et la maturité spirituelle. Ce qui est important pour moi, c'est la personne elle-même et sa sagesse, ou ses aspirations en ce sens, pour le travail profond de révélation de sa pleine perfection.

Il y a quelque chose derrière chaque forme... mais peu de gens y pensent, les gens regardent et confondent la capacité de regarder et la capacité de voir. Rien n'a d'existence seul dans ce monde, il y a quelque chose derrière tout. Je pourrais l'appeler quelque chose de rien, mais ce rien est la base de tout.

Beaucoup de ceux qui essaient de pratiquer le yoga et de le comprendre demandent : « Pourquoi n'y a-t-il pas de descriptions détaillées des nombreux nadis (canaux) dans les textes classiques du yoga ?

Essayez d'imaginer réellement que l'univers tout entier est dans votre corps, car les textes en parlent souvent. Si vous faites suffisamment d'efforts, la réponse vous viendra automatiquement. Si les textes ne mettaient pas l'accent sur l'essentiel, alors la possibilité de « se noyer » en Mahamaya (énergie d'illusion créatrice de formes) augmenterait considérablement. C'est pourquoi les paroles sont si "simples".

Il existe de nombreuses méthodes spirituelles en Inde, si nombreuses qu'il est impossible de toutes les connaître. Mais, elles sont toutes destinées à une expérience vivante, à une énergie vivante, à un état d'esprit et d'âme purs et éveillés.
Si un état méditatif survient, il n'est pas nécessaire de s'enliser dans des formalités. Il est difficile de vivre avec des formalités, mais il est facile de vivre avec un état naturel et pur. N'oubliez pas que la pratique ne doit pas compliquer une vie déjà complexe, elle doit l'améliorer.

Toutes les pratiques doivent conduire à la paix de l'esprit, à une vision sobre, à la compréhension du monde. Tous les évènements et l'environnement qui nous sont donnés à vivre sont aussi le yoga, car le yoga est un mode de vie, associé à une compréhension des lois de la nature, de l'univers.

« Sahaja » signifie « essence », c'est-à-dire « nature innée, primordiale, supérieure ». (…)
Pour les Nathas, le plus élevé est le plus simple et est l'essence. Il y a une déclaration dans la Bible selon laquelle : « les premiers seront les derniers et les derniers seront les premiers ». Ce qui signifie que pour Dieu, nous sommes tous égaux et les niveaux, en général, sont tous relatifs. Beaucoup sont fiers d'être plus spirituels, plus savants, plus « exclusifs ». Du point de vue de Gorakshanath, de telles opinions sur soi-même sont des perturbations de l'esprit et des sentiments, qui, bien sûr, conduisent à un état de conscience mondain et grossier.

Et plus une personne croit qu'elle est la plus grande, plus la nature animale triomphe en elle et ses souillures sont difficiles à guérir. Gorakshanath a soutenu que le « samadhi » (stade ultime de la méditation, dans lequel est expérimenté l'union du Divin en soi, enstase), le silence, la pureté de l'esprit ne sont pas quelque chose de lointain ou d'inhabituel pour nous, mais, au contraire, que c'est notre état le plus naturel.

Si une personne n'est pas capable de faire face à son esprit et à ses sentiments par la conscience, il est alors proposé d'atteindre « sahaja » par l'immersion de la conscience dans le processus de la respiration. Car, la respiration est la chose la plus naturelle pour une personne et déjà, par le travail avec la respiration, nous redressons la conscience de façon naturelle.

Dans le sens où tout est Shakti (l'énergie créatrice divine), tout vit et le spanda (la vibration, la pulsation) est dans tout. Ce n'est certainement pas indépendant de Cela, c'est justement Cela, dans tout ça.

Mon Guru a déclaré que toutes les pratiques tantriques sont principalement liées à l'énergie. Le mouvement efface tous les schémas. La plupart des gens endorment littéralement tout avec leur esprit, y compris eux-mêmes, bien sûr. Si vous voyez la vie dans chaque chose, alors l'ahamkara (l'égo) s'effondre naturellement, comme une maison sur le sable.

Sri Guru Yogi Matssyendranath Maharaj au Kailash

Bhava-bhaya-vanir mukti-sopâna-mârgatah/
Advayatvam vrajennityam yogavit parame pade//
100

« S'il prend la voie de cette « échelle vers la libération » (mukti-sopâna) qui est un véritable feu pour la forêt des frayeurs du samsâra, au stade ultime, le Connaisseur du Yoga entrera dans la non-dualité pour toujours. »

Goraksha-sataka, La centurie de Goraksha, traduit par Tara Michaël, éditions Almora, 2012, vers 100

Bhava-bhava-haram nrnâm mukti-sopâna-sanjnakam/
Guhyâd-guhyataram guhyam Goraksena prakâsitam//

« Celui d'entre les hommes qui connaît pleinement cette échelle vers la Délivrance détient un secret plus secret que tous les secrets : celui qui a été révélé par Goraksha. »

Goraksha-sataka, La centurie de Goraksha, traduit par Tara Michaël, éditions Almora, 2012, Colophon

Si vous réalisez atman, votre âme éternelle, ensuite, du fait qu'atman est identique à Brahman, vous réalisez également l'unité d'atman et Brahman. Cette unité est aussi le yoga et vous devenez libéré des limites de « maya » (l'énergie d'illusion). Maya est ce qui donne naissance à « meya », aux objets variés, qui sont tous liés à ce monde. Ce lien est la cause de conceptions fausses. Si vous vous attachez à des connaissances relatives, les conceptions fausses entraînent des attachements, les attachements sont la cause des désirs, les désirs inassouvis provoquent des souffrances.

Par conséquent, s'il n'y a pas de désirs, il n'y a pas d'attachements qui génèrent ces désirs et il n'y a pas de fausse connaissance, qui est « apara-vidya », connaissance limitée. Par contre, l'accomplissement de « atma vidya », la connaissance de soi-même, la connaissance de notre nature éternelle, l'âme éternelle, est « moksha », la libération.

Nous savons que Patanjali a donné la définition "yogas-chitta-vrtti-nirodhah". C'est le très célèbre sutra avec lequel commence ces yogas sutras, les aphorismes de Patanjali. "Vrtti" tous ces flux constants... ces flux de pensées dans nos esprits, tourbillonnant sans relâche, ne nous laissant aucune paix. Mais, pas seulement ça, ils sont aussi différentes sortes de soucis. L'opposé de cela est "nivrtti", la cessation de "vrtti". Quand ce silence se produit, dans le Yoga-Darshana de Patanjali c'est défini comme la libération, moksha. C'est également appelé « kaivalya », de « kevala » : un, seulement, seul, Donc l'âme n'est pas identifiée à la prakriti (énergie de la matière primordiale, engendrant les phénomènes du monde matériel), à ses manifestations. Et, c'est la connaissance la plus pure.

La stabilité dans la réalisation de son âme, en étant dans son véritable état d'être, est « moksha » (la libération). C'est ainsi que c'est défini dans Sankhya.

La Shakti (l'énergie vitale) est libérée depuis l'intérieur de nous-mêmes. Lorsque cette énergie psychique s'éveille et se manifeste pleinement, cela devient une forme d'autoréalisation, et c'est précisément cela qu'est moksha. Il s'agit de se libérer pour devenir pleinement soi-même, dans son essence véritable.

C'est une situation très étrange lorsque les gens disent : « je veux devenir sannyasi (renonçant) », surtout quand il s'agit d'une personne avec d'énormes ambitions mondaines, dont une partie peut avoir des sannyas. Sannyas est un état qui vient de lui-même comme conséquence de son évolution générale, où il y a la grâce d'en haut. Cette grâce s'exprime par le fait que le détachement est devenu pour vous un état naturel. Ce ne sont pas des listes de souhaits, c'est aussi important pour vous que l'oxygène.

Beaucoup de gens attendent des bienfaits du yoga, mais le paradoxe est que de bons résultats apparaissent sans grande préoccupation. Lorsqu'une personne est naturelle, alors la perfection innée s'active en elle.

Habituellement, l'égo est vu comme un outil pour comprendre « atman » (l'âme individuelle), mais, à cause de l'ignorance, nous pensons que l'outil est nous-mêmes. Quand on s'identifie à l'outil et qu'on oublie qui on est, on est partout en danger, parce que, dans ce vaste monde, il est difficile de prédire d'où et quels types de coups viendront. Mais, quelque soient les coups, pour le chercheur de vérité, ils ne sont rien comparés à lorsqu'un homme oublie son véritable état initialement pur.

Dans le monde d'aujourd'hui, les gens ont considérablement perdu leur sobriété mentale à cause d'une fausse orientation, ils choisissent le chemin de la foi en tout ce qui est tangible.
J'enseigne donc à revenir à ce qui est inné, à ce qui nous a été donné par la nature, par la source originelle, à la source suivie par les yogis à travers les âges, qui est au-dessus des phénomènes et processus illusoires temporaires.

Maintenant, le monde a changé et le yoga est devenu si superficiel qu'il est même très difficile de l'appeler « yoga ».

Pour vous dire la vérité, je suis parfois gêné d'appeler ce que je vois avec ce terme. Mais, il ne s'agit pas seulement de yoga, nous sommes aujourd'hui confrontés à un monde où les entreprises tentent de supprimer tout ce qui est naturel chez l'homme. Et je pense que nous savons tous de quoi je parle. Il y a beaucoup d'aliments de mauvaise qualité dans le monde, quelque chose qui nuit à la santé des gens est présenté comme un médicament. Ils essaient de nous éloigner de la nature.

En fait, un yoga tel que l'état « d'unmana » (état de transcendance spirituelle, où l'esprit est libéré des attachements et est uni au Divin) est nécessaire à tout le monde. Un état d'esprit apaisé et sobre est nécessaire pour une meilleure conscience et compréhension de soi, ainsi que des autres. Par conséquent, cette capacité est importante pour toute personne.

Un esprit ouvert est l'esprit d'un yogi, d'un sadhu (saint homme, sage), il est comme un vide, capable d'absorber de nouvelles dimensions auparavant invisibles. À cet égard, un yogi est un scientifique, mais pas un scientifique avec des titres et autres choses, mais par sa nature et son essence.

Quand un mantra est pratiqué avec un esprit calme, alors ce mantra ne vient pas de l'esprit, il affecte l'essence même du praticien. Le mantra est la Divinité, donc l'essence humaine se fusionne avec la Divinité. De plus, vous êtes déjà dans votre nature et avec Devata vous sublimez les instincts dans le corps et les différents aspects liés d'un seul prana.

Le mantra « So-ham » est un mantra important, un mantra inné. Inné se traduit "sahaja".
De nombreuses sources expliquent ce mantra. « So » et « ham » sont comme Shiva et Shakti, ils se connectent ensemble, comme l'inspiration et l'expiration sont prana et apana, leur interaction. À la fusion de Shiva et Shakti, une tension, une pulsation se forme et se manifeste sous forme d'espoir - une vibration sonique qui naît de l'intérieur. De la fusion de Shiva et Shakti, une anahata se forme - un son spontané d'Om est né. (…) C'est une vibration pure qui vous embrasse et vous protège de tout ce qui est négatif, subtilement et externe aussi parce que ces plans sont interdépendants.
Ainsi, « So Ham » ou « Ham Sa » est la force vitale, la respiration, la force vitale dans votre corps. Si vous traduisez littéralement So Ham - "Je suis Lui" ou « Sa Ham » - "Je suis Elle", si c'est la Déesse, alors dans une telle clé tout mantra peut être essentiellement lié à Soham.

La transition de tout *mantra* en « *so-ham* » (*ajapā-japa*) se produit au niveau du *madhyamā-vak* ou de la signification mentale du *mantra*, on peut dire, à un niveau plus significatif du *mantra*. On peut aussi dire que cela se produit au niveau *yogique*, à travers la sphère qui est plus subjective ou celle qui est plus proche de votre âme. Je vais l'expliquer à ceux qui ne l'ont pas encore compris. C'est à cela que vise toute pratique correcte *du mantra*. Ainsi, sans le yoga en tant que tel, il ne peut y avoir *de mantras* corrects, de rites tantriques et de rituels en général.

Par conséquent, lorsque je dis que je place le yoga au-dessus de tout le reste et qu'il n'y a rien de plus élevé que lui, je suis extrêmement honnête.

Tous les mantras sont venus de la vibration spontanée qui se manifeste dans notre âme, le corps et l'esprit. Elle donne la vie et la pureté, c'est une vibration spontanée de l'anahata (chakra du cœur). Puis, elle se manifeste sous la forme du mantra spontané « So-Ham ». Les sons de « So » et « Ham » sont respectivement Shiva et Shakti.

Plus le bhava (dévotion) est élevé, plus le niveau de liberté est élevé, plus l'éventail de la pratique et l'éventail de l'expérience spirituelle sont, bien sûr, larges.

Des principes tels que la sincérité et la dévotion lors de la pratique du japa mantra (pratique de récitation de prières sur un chapelet) sont directement liés à la fusion du mantra avec le vrai soi (Atman). Ou cela peut s'expliquer par ce qu'on appelle « vishuva » - l'harmonisation du mantra, « mantra-vishuva » avec soi-même en tant que tel. De plus, voici ce que je voudrais souligner : c'est l'âme qui est la source de la vie, de l'immortalité, l'âme passe de corps en corps, mais elle reste elle-même, mais les corps sont temporaires. Par conséquent, l'âme est la vie, donc lorsque le mantra et l'âme (vous dans un état de plénitude) sont en harmonie, alors c'est « l'activation du mantra », la « réalisation » ou l'éveil du mantra.

La réalisation est possible sans rompre le lien avec la réalité extérieure. Si la Kundalini (dans le contexte de la Shakti intérieure) est la force de la conscience (chetana-shakti) de notre âme (le véritable sujet), alors une attention continue et fluide aux changements spontanés du monde extérieur peut maintenir la Kundalini dans un état éveillé. Cela n'est rien d'autre que la réalisation de soi, et ce, sans renoncer au monde extérieur.

En ce qui concerne le renoncement à Mahamaya (l'énergie d'illusion) en tant que forme d'ignorance, celui-ci s'effectue grâce à la sagesse. Cette sagesse est elle-même un état de conscience éveillée, dotée d'une perception intuitive et discriminative (tarka).

Ainsi, la véritable réalisation consiste non pas à fuir le monde, mais à transcender l'ignorance tout en restant pleinement conscient et engagé dans la dynamique naturelle de l'existence.

Malgré la quantité de charlatans et de faux maîtres, peut-être
parce que je n'ai jamais perdu foi dans le chemin, j'ai finalement rencontré de véritables Siddha-purushas. Quelle leçon principale ai-je retenue d'eux au sujet de la pratique du mantra ? Quelle conclusion en ai-je tirée ? La conclusion est que lorsque les textes sacrés disent que le mantra est une divinité, ils n'exagèrent pas, peu importe à quel point cela peut sembler difficile à croire. J'ai vu ce que sont capables de faire ceux qui ont précisément cette relation avec le mantra ; ou plutôt, ils sont devenus eux-mêmes leur mantra (ou leur déité).

La pratique spirituelle libère la conscience du pratiquant des dogmes d'une morale factice. « Shri » est une force vivante qui libère de l'inertie obscure de la samsara (cycle de renaissances). C'est un processus difficile et, en vérité, bien peu le traversent entièrement.

La tâche de la voie spirituelle est de se débarrasser de l'ignorance, d'acquérir une connaissance pure et élevée qui élimine tous les types de « dukkha » (souffrance).

La foi forte peut faire des miracles. La foi forte est calme, aussi stable que l'Himalaya, elle est la base de la pratique, c'est la pratique. Quand tu t'établis dans la foi, tu t'installes dans la vraie connaissance, alors la connaissance devient vraiment spirituelle. Seule la connaissance spirituelle peut s'appeler « Jnanah », ce « Jnanah » est différent des informations. En gros, Natha-sampradaya est yoga sampradya et nous pratiquons donc tous les types de yogas : bhakti yoga, karma yoga, jnana yoga, yoga mantra, hatha yoga, tantra yoga, laya yoga etc... Le yoga-sadhana n'est pas une variété particulière de yoga, ce n'est pas un pas, ce n'est pas une fin.

Le yoga est un chemin avec une vision holistique et large du monde.

Il n'y a pas lieu de s'étonner que les gens ne se comprennent pas, puisqu'ils vivent tous dans leurs propres dimensions. Voir l'autre signifie quitter le sien (son point de vue), et pour quelqu'un qui ne fait plus qu'un avec le sien, cela équivaut à la mort. Ainsi, le samadhi (absoption dans l'absolu, unification du Divin en soi) est la base de la compréhension.

La communication se produit au niveau des consciences ; en fait, la communication est conscience, et l'être humain, dans son essence, est une âme. Il y a le niveau corporel, mais il est l'instrument de l'âme et est à son service. (...)
Et c'est cette dimension significative, immortelle, source de connaissance et d'éternité, qui constitue l'essence de l'être humain. C'est vers elle que nous aspirons, et tôt ou tard nous y parvenons. C'est, pour moi, le véritable sens de la communication. Cela se résume dans le mot Adesh, incarnant l'unité de la Jivatma, de l'Atma et de la Paramatma.

Un individu profondément égoïste ou malveillant, qui acquiert des pratiques « prestigieuses » ou des connaissances « remarquables », ne fait qu'affirmer sa nature déjà problématique. Pour cette raison, ce qui compte le plus pour moi, c'est la droiture et l'intégrité d'une personne envers les autres. Tout le reste, à mes yeux, est secondaire.

Je crois que les gens simplifient trop les choses. Quand ils entendent quelque chose, leur nature instinctive se superpose à la réalité. Une projection d'eux-mêmes. Et très souvent, les gens ne voient qu'eux-mêmes. Donc, pour comprendre quelqu'un, il faut s'abandonner. Cela peut paraître radical, certaines personnes pensent : « Eh bien non, on se comprend souvent ». C'est une illusion de compréhension, car les gens vivent dans des relations formelles, ils ne veulent pas comprendre. C'est là que réside le problème.

Pour moi, il est important de savoir comment une personne s'est montrée dans notre communication personnelle. Si elle ne vous voit pas, projette ses bêtises, n'entend pas, si elle tisse des intrigues, compose des potins, est encline à la trahison, alors je mets un terme avec ces personnes, sans le moindre regret, ni hésitation.

Quelqu'un qui est impliqué et sincère dans la sādhanā (pratique spirituelle), peut enseigner avec une pureté spirituelle suffisante, mais la plupart des enseignants essaient souvent d'enseigner sans forte expérience dans sādhanā.

Si vous regardez les images de Bouddha et de Gorakshanath, vous remarquez de légers sourires sur leurs visages. Mais, ce n'est pas un « look super heureux ».

J'ai remarqué que beaucoup de gens aiment les bhajans et les kirtans,(chants dévotionnels méditatifs), comme dans de nombreux cultes bhakti (dévotion, service de pur amour pour Dieu), il y a un excès d'ananda (félicité, état de pur bonheur).

Pour beaucoup de gens, une joie excessive, me semble-t-il, est une tentative de réprimer la présence de douleur dont cette vie est pleine. Cependant, cela conduit souvent une personne à ne pas remarquer la réalité extérieure. Mais, si vous avez un bonheur modéré, comme une légère flamme couvante, alors vous ne fuyez pas la vie et n'êtes pas absorbé par elle, vous entrez en contact avec elle, comme si vous glissiez. C'est-à-dire que vous êtes dans un état modérément positif et percevez calmement les réalités de la vie, ce qui éveille en vous la sagesse.

Peu importe ce que vous faites dans vos directives spirituelles, pourquoi devriez-vous perdre le désir du plus haut qui est possible pour vous ?

Les humains sont si faibles en termes de contrôle de soi qu'ils ne sont que des vecteurs de diverses énergies qu'ils ne réalisent pas.

Bandha signifie fermeture, ou liaison. Dans le contexte de la pratique yoguique, cela signifie la fermeture de tout le système énergétique, de manière à ce qu'il n'y ait pas de déformation et donc, pas de perte d'énergie. Selon de nombreux textes yoguiques, la tâche des bandhas est de canaliser le prana dans le canal central « sushumna », ce qui aide à éveiller « kundalini ». (puissance d'énergie lovée, située en bas de la colonne vertébrale)

Le mot « mudra » dans l'un des contextes, signifie « sceau », « empreinte », « tampon ». Dans le yoga, ce terme est utilisé impliquant le processus de réflexion de la conscience supérieure, ou lumière (prakasha) sous toute forme manifestée. C'est-à-dire que le mudra est une union de lumière et de forme, Shiva et Shakti, une sorte de point de connexion menant à la pleine intégration du prana. L'intégration du prana conduit à un état de bonheur et de joie, c'est pourquoi on l'appelle aussi mudra («mud» et joie, « ra », donner, trouver de la joie).

En raison du fait que les Nathas ne font pas de frontière rigide entre le matériel et le spirituel, les mudras (sceaux, gestes symboliques) et les bandhas (verrouillages volontaires du flux d'énergie dans une partie du corps spécifique)) peuvent être considérés comme la partie même de la sadhana qui unit le hatha-yoga et la raja-yoga (yoga royal, yoga méditatif, appelé aussi ashtanga-yoga, basé sur les « yogas sutras de Patanjali).

Gorakshanath, c'est le Yogi qui a détruit l'accrochage au monde en lui-même, il est la lumière de l'Atman, la lumière du soleil (prana) et de la lune (apana), il est le feu du yagya (rituel védique majeur) ou sushumna (canal énergétique central), il est le donneur de l'état indestructible de la psychophysique, comme le « vajra » (foudre, diamant détruisant l'ignorance). Il est le patron de tous les sons, à commencer par Shabda-brahman, sous la forme d'anahata (son non frappé, chakra du coeur), qui crée l'univers, "qui peut aussi être appelé Go", le même anahata dissout les vibrations de l'esprit et du prana (laya yoga). Gorakshanath est un symbole de la perfection des mantras, comme je l'ai déjà indiqué. La lumière du soleil et de la lune symbolise bien sûr le hatha yoga. Tout cela est patronné par le « rakshana » (protecteur) Gorakshanath.

Gorakshanatha est généralement représenté comme Bal (enfant). Pourquoi en est-il ainsi et quelle leçon cela nous enseigne-t-il ? Si vous regardez les enfants, vous verrez qu'ils sont simples et ouverts et qu'ils acquièrent rapidement des connaissances. Il est le fils de Shunya (le vide) et donc lui-même est Shunya. Pour le yogi, ce symbole de l'enfant peut signifier le vide intérieur et à travers lui la réceptivité directe. La capacité de percevoir est possible grâce à antar-mauna (silence intérieur).

(…) il est important d'apprendre à toujours être simple et réceptif, en éliminant l'ahamkara (l'égo/l'orgueil). C'est important même pour réussir dans le monde ordinaire.

Étonnamment, il semble que ce que Gorakshanath enseignait autrefois dans la diversité de l'Inde soit désormais devenu pertinent pour le monde entier, plein d'abondance, y compris une abondance de contrefaçons

Les adeptes de certaines voies et de leurs méthodes ont été emportés par le côté formel des méthodes et leurs dogmes se sont transformés en prosélytisme, dépouvus de compréhension de ce vers quoi ces voies étaient initialement orientées.

Gorakshanath est le symbole du Yogi Guru, qui rappelle à ceux qui oublient vers quoi tous ces chemins doivent être orientés.

C'est précisément grâce à sa focalisation sur l'essentiel, qui est au-delà des formes et des cadres, avec une flexibilité externe, que le Natha-Sampradaya a survécu, malgré les turbulences historiques et culturelles qui ont eu lieu en Inde au cours des siècles.

Gorakshanath et d'autres Siddhas (êtres réalisés, sages) enseignaient la souveraineté psychophysique et l'immunité spirituelle contre les formes profondes d'avidya (ignorance), qui se manifestent de multiples façons. Ils enseignaient comment ne pas stagner dans des croyances pathologiques qui nous privent de toute perspective. Ils prônaient à la fois la prudence et l'ouverture, soulignant la nature paradoxale de la vérité. Sans l'expérience de sa Pustota (Vacuité), il n'y a pas de vie complète. Nous ne pouvons recevoir que lorsque nos mains sont vides.

L'une des caractéristiques d'un esprit pur est précisément sa vacuité : son ouverture, sa capacité à basculer rapidement, à saisir intuitivement et à voir la totalité dans chaque fragment de réalité, percevant les changements spontanés. Ces qualités sont essentielles aussi bien pour les religieux que pour les gens ordinaires, car elles sont pour nous « sahaja » – innées. Elles sont indispensables, même pour la survie élémentaire dans le monde d'aujourd'hui. C'est pourquoi l'enseignement de Gorakshanath est particulièrement pertinent à notre époque.

Le sommeil profond n'est pas seulement un processus physiologique, il est également une immersion dans le kāraṇa-śarīra (le corps causal), qui est plus proche de l'Ātman, donc de soi-même (ou de l'âme). Dans la vie quotidienne, vous pouvez penser une chose et en dire une autre pour diverses raisons. Mahāmāyā (l'énergie d'illusion du Seigneur) est ainsi faite. Dans vos rêves, vous êtes plus honnête avec vous-même, car vous êtes dans votre propre monde subjectif. Et dans le sommeil profond, vous êtes encore plus proche de vous-même, dans un état d'authenticité totale. Essayez de ne pas dormir pendant plusieurs jours, et vous verrez ce que je veux dire !

En fin de compte, un sādhaka (personne qui suit une sadhana, une pratique spirituelle) atteint une harmonie entre tous ces niveaux de conscience, réalisant à la fois les dimensions spirituelles et causales dans sa réalité manifestée.

Dans son *Amanaska-yoga, Gorakṣanātha* parle de quatre états (niveaux) de l'esprit, dont deux sont associés à tamas (ignorance, inertie, tout ce qui aveugle et alourdit les êtres) *et rajas* (passion, désir), les fluctuations de l'esprit. Les deux autres sont l'état d'esprit dans *le sattvaguṇa* (vérité, vertu,) et l'état d'esprit au-delà de toute qualité ou dissolution complète de l'esprit.

1) विशिष्टं *viśliṣṭa* – esprit en état de *tamas*
2) गताग *gatāgata* – esprit en état de *rajas*
3) सुश्लि *suśliṣṭa* – l'esprit dans l'état de *sattva*
4) सुली *sulīna* – l'esprit au-delà des qualités, dissous dans *Ātman*

Dans la *Caraka-saṃhitā*, dans la section consacrée au *yoga*, il est également souligné que pour *le yoga*, il est important de surmonter les obscurcissements associés aux *guṇas (qualités, « humeurs » conditionnant les êtres humains)* de *tamas* et de *rajas* :

« *Dans l'état libéré, tous les désirs sont détruits en raison de l'absence de rajas et de tamas. Ainsi, l'homme est définitivement et irrévocablement libéré des liens du monde phénoménal, de la renaissance.* »

ततोऽभ्यसनियोगेन निरालम्बो भवेद यदि।
तदा सरिसभूतानि (समरसभूतः ?) परमानन्द एव सः॥९७॥
Si, grâce à la pratique du yoga, [une personne] devient indépendante, elle acquiert alors le naturel et la félicité suprême.
अभ्यस्यतो मनः पूर्वं विशिष्टं चलमुच्यते।
ततश्च निश्चलं किञ्चित् सानन्दं च गतागतम् ॥ Oui
Pendant la pratique, l'esprit commence par bouger, cet état est appelé viśliṣṭa. Puis l'esprit devient parfois immobile et rempli de félicité – c'est gatāgata.

सानन्दं निश्चलं चेतः ततः सुश्लिष्टमुच्यते।
अतीव निश्चलीभूतं सानन्दं च सुलीनकम् ॥ ९९ ॥

Lorsque l'esprit est dans un état de calme et de béatitude, c'est suśliṣṭa. Lorsqu'il atteint le calme et la béatitude ultimes, c'est sulīna.

Le dernier verset dit que cet état le plus élevé est appelé *sahajānanda* (félicité de l'état naturel et inné de pureté), comme il en a été parlé précédemment dans les *versets* 20 et 92. Le même terme est également utilisé par *Matsyendranāth* dans l' *Akulavīra-tantra*, ce qui indique l'importance de *sahaja-avasthā* chez les Nāthas

Il y a deux types principaux de mort. La première est celle que tout le monde connaît et qui engendre la peur : la mort qui entraîne de "nouvelles histoires" (de nouvelles naissances). Et la seconde mort, celle qui est au-delà de toutes vies et de toutes morts, est la sortie de ce jeu ; c'est la mort du samadhi (absoption totale en Dieu, extase, illumination associant la réalisation de soi et l'union au Divin), la mort de la mort elle-même, enseignée par Gorakhnath et d'autres siddha-purushas (êtres réalisés).

Travailler sur sa perception est parfois bien plus que la mort physique, car une personne meurt souvent sans changer. La plupart des gens meurent idiots. La capacité à être « neutre » est une étape importante, mais c'est aussi beaucoup de travail sur soi.

La sincérité et l'altruisme ouvrent les portes du chemin spirituel.

La croissance est la mort d'une cellule et l'émergence d'autres, un enfant, comme toute personne, meurt à chaque instant. Par conséquent, les trois sont toujours présents, dans les trois processus apparemment distincts. Même la mort est une transition pour renaître et accomplir les tâches non résolues dans cette vie, tout comme parfois les choses ne sont pas résolues aujourd'hui, mais nous les terminons demain ou après-demain.

On me demande souvent : « Quelles sont les conditions pour faire un apprentissage ? Tout d'abord, regardez de quoi je parle, écoutez ce qu'il y a entre les lignes. Et s'il vous plaît, ne me confondez pas avec les directeurs, les enseignants des "franchises spirituelles". Je ne peux pas y consacrer plus de mon temps, plus qu'il n'en vaut la peine, pour faire oublier ce qui est essentiel pour moi, au-dessus duquel il n'y a rien pour moi.

Le temps passe vite, et avant que vous ayez le temps de vous réveiller de votre sommeil spirituel, la vie que vous avez vécue comme un idiot tombera à l'eau.

Plus la paix est profonde, plus à travers elle vous voyez la vie dans son intégralité. Plus le détachement est profond, plus la participation à la vie est grande et profonde. Je vous invite à réfléchir à ce sujet par vous-même.

La vérité naît dans le silence de l'esprit, dans le silence de l'ahamkara (l'égo, l'orgueil). Les relations correctes, c'est lorsque les gens comprennent tout parfaitement, ou complètement, en silence.

Si une personne a initialement fait des efforts superficiels au niveau de l'intellect, de l'esprit, du corps, etc., elle continuera alors à chercher des solutions plus faciles partout où elle va. Et pour vraiment changer, il faut avoir le courage de ne pas blâmer les autres pour justifier ses erreurs, c'est souvent à cela que cela ressemble. Le courage, c'est ouvrir les yeux sur toutes ses faiblesses, et ne pas venir vers le Maître avec le sentiment : « Je ne suis coupable de rien, je ne suis qu'un elfe incompris ».

Nathas enseigne que tout ce qui est parfait a toujours été avec nous, est et sera, nous ne pouvons tout simplement pas le percevoir à cause de nos accumulations karmiques, nous devons donc apprendre à voir le plus haut dans ce monde. Si vous voyez le plus haut dans le Guru, il reviendra selon le principe d'un miroir. Mais dans ce monde, sous l'influence de Maya (énergie d'illusion du Seigneur), le plus souvent les êtres imparfaits ont tendance à agir différemment, essayant de trouver la vérité dans des méthodes sophistiquées avec l'espoir que cela les mènera à la réalisation, tout en ne les suivant pas dans la vraie vie.

Notre psychophysique nous est donnée par la Nature, par Dieu ; en faisant des erreurs dans la vie, nous oublions son état initial, parfait. Puisque cet état est profond et naturel, les chakras existent justement pour éveiller la Shakti à ce niveau-là.

Si quelqu'un dans cette vie se comporte comme un crétin, tout en assurant qu'il est impliqué dans un chemin spirituel spécial, alors la meilleure chose que je puisse faire dans ce cas, est simplement de me taire. Cela devrait être traité par « un Gourouji » très sévère nommé la vie.

Quand le niveau de responsabilisation devient plus élevé (ce qui est lié au niveau de sensibilisation), une personne a de moins en moins de « lunettes roses ». Et puis, elle voit simplement ce qu'elle ne voyait pas avant.

Je peux offrir à tout le monde une expérience simple et je peux partager mon expérience avec tout le monde. Essayez de vous concentrer sur quelque chose dans le monde que vous trouvez inutile, ennuyeux et mauvais. Il y en a tellement dans le monde. Qu'est-ce que vous obtenez ? Vous aurez probablement une décharge de fatigue, de perte de conscience, etc.…L'étouffement de la conscience par certains phénomènes crée une gravité psychique. (…)
Une autre option : essayez de vous concentrer sur le vide, aucune forme, un vide. C'est un peu mieux, parfois il y aura de bons états, et parfois quelques illusions subtiles seront visitées, mais il peut effectivement y avoir la paix intérieure, l'équilibre. Mais, ce vide même ne sera pas permanent.
Et la troisième option : essayez, en utilisant l'état de vide intérieur et de repos, combinez-le avec la concentration sur le corps, les chakras, sur d'autres attributs sacrés. Dans ce cas, vous verrez que seuls ces deux éléments, le vide et la forme, donnent une concentration facile et correcte. Tout le reste donne des illusions brumeuses ou quelque chose de très primitif et grossier.

« Aughaṛ » se compose simplement du nom घड़ ghaṛ (navire) et du préfixe négatif औ au, qui, bien que rarement, est utilisé comme négation en hindi. Le vaisseau symbolise souvent le corps humain, sa personne, mais aussi sa personnalité sociale. Ainsi, cela peut indiquer un yogi qui a dépassé les limites du corps et généralement de la personnalité sociale standard. C'est un yogi qui n'est pas lié au cadre de la société mondaine, et sa conscience s'élève au-dessus de la réalité périssable. En fin de compte, ce dévot, sous l'influence de la bonne Shakti et la miséricorde de son Guru ou Devata, est capable de transformer son corps. Quelqu'un dans sa pratique parvient simplement à la réalisation des réalités spirituelles en lui-même, dans son corps, dans sa « vie ordinaire ». Et quelqu'un qui plonge plus profondément dans le rayonnement de son esprit, le Soi supérieur, peut tellement transformer son corps qu'il est capable de refléter les qualités de l'esprit

En lisant Siddha-siddhanta paddhati aujourd'hui, dans le quatrième chapitre (4.10), je suis tombé sur cette phrase :
"L'Essence Suprême réside dans les réseaux de l'univers manifesté tout entier."
Cela correspond à mon expérience pratique, qui s'est déroulée avant même que je connaisse l'existence de ce texte. Le monde est entrelacé de canaux d'énergies les plus subtils, qui ressemblent véritablement à des réseaux de connexion et d'entrelacement de ces énergies. Cependant, de tous les chakras, Sahasrara (chakra aux mille pétales, localisé au sommet du crâne, relié à l'hypophyse et à la glande pinéale) est très différent, au point d'être impossible à comparer avec les autres.

Pour obtenir le succès en accomplissant la « sadhana » (pratique spirituelle), la Divinité doit être satisfaite.
La déesse est une puissance qui présente dans tout l'univers. Nous, en tant que particules de cet univers (microcosmes) avons également la représentation de cette déesse à l'intérieur de nous-même, sous la forme de « Kundalini Shakti.
Quand vous honorez la déesse à l'extérieur et qu'elle est satisfaite de vos offrandes, vous ressentez d'énormes pouvoirs dans le monde extérieur qui vous aident et contribuent à votre progression dans les activités.

La pratique spirituelle libère la conscience du pratiquant des dogmes d'une morale factice. « Shri » (énergie créatrice) est une force vivante qui libère de l'inertie obscure de la samsara (cycle des renaissances). C'est un processus difficile et, en vérité, bien peu le traversent entièrement.

Dans le tantra et le hatha yoga, le concept de nada (le son) est fondamental. Nada peut signifier une vibration sonore, toutefois nous nous efforçons de reconnaître cette vibration (spandana) qui se produit sans raison apparente, et conduit à « pratyahara » (le retrait des sens). La conscience humaine est arrangée de telle façon qu'elle atteint les caractéristiques de ce vers quoi elle est dirigée. Si c'est quelque chose de spontané et de vivant, transcendant par nature, alors la conscience atteint le même état. La conscience se transforme alors en superconscient (unmani) et se révèle comme Shiva dont la nature est Parasamvit (superconscience), ce qui est le but de notre sadhana (pratique spirituelle).

Selon ma conception, « spanda » est l'expression de Shiva, une sorte de tremblement qui surgit dans un état d'inspiration, ce que les yogis appellent la vibration d'anahata (chakra du cœur). Ce n'est pas un son percussif. Ce son émerge du vide, signifiant le désir libéré de Shiva, une expression spirituelle libre et spontanée de Shiva qui est essentiellement sa « Shakti »(puissance créatrice, source de tout pouvoir, Mère divine)

Le but de l'ensemble de la pratique est d'apprendre à entrer dans un état de tranquillité de l'esprit. Pour dissoudre les fluctuations de l'esprit, le mental doit plonger dans la « nada » (le son).
« Anahata nada » (le son non frappé, la vibration spontanée, primordiale) est l'essence de tous les mantras. Ce son est naturel, il se répète automatiquement et facilement, il aide à nettoyer l'esprit, les sens et le coprs aussi.

Le guru m'a expliqué que l'éveil du « nada » (son) peut être atteint grâce à la pratique du mantra ou du pranayama. Nada est la vibration, ou l'éveil, dans lequel la conscience et le prana se dissolvent (puisque le prana et la conscience sont interdépendants). La tâche principale du mantra yoga est d'activer le pouvoir (Shakti) du mantra. En conséquence, le but du mantra yoga n'est pas seulement de chanter un mantra, mais d'y éveiller sa puissance (Shakti).
Cette force est la pulsation ou « anahata nada ».
Lorsque vous vous réveillez, votre conscience s'ouvre, se transcende. Certains appellent cela l'éveil de la kundalini (puissante énergie spirituelle lovée, située en bas de la colonne vertébrale)

La capacité à s'intégrer dans un groupe pour que l'ensemble du groupe soit à son meilleur dans ce monde est l'une des qualités les plus importantes. Mais cela demande aussi les efforts de chacun (ce qui est le résultat d'un travail titanesque sur soi).

Il n'est pas nécessaire de jouer avec les écoles de théologie, les étudiants et les enseignants, il y a des situations réelles dans la vie qui doivent être résolues, et ce sont de vraies pratiques. Celui qui, dans la vie, se révèle être un petit néant, incapable de se surpasser, qui ne peut pas résister à l'illusion du monde au nom de ses idéaux élevés, n'est pas un pratiquant.

J'essaie d'utiliser chaque situation pour revoir ma vision du monde, pour une meilleure conscience de moi-même. Nous venons dans ce monde, comme dans une école de la vie, pour acquérir la force de la sagesse, jusqu'à ce que nous nous libérions complètement de la « margarine » samsarique (le cycle des renaissances)

J'ai souvent constaté en Occident cette tendance à « collectionner » des pratiques ou des connaissances considérées comme « impressionnantes », mais sans aucun effort pour travailler sur soi-même. Cela aboutit à des situations où une personne moralement médiocre, mais cherchant à accumuler ces éléments extérieurs, renforce encore davantage sa nature dégradée.

Comprenez qu'il faut regarder la conscience des gens, et pas seulement les faits, comme « il vient d'Inde », « il vient de Nathasampradaya », « c'est un darshani », etc. Vous devez examiner ce qui vient d'une personne, dans quelle mesure cela est adéquat ou, s'il n'aime pas du tout parler, si la paix vient d'elle. J'ai parfois rencontré de tels yogis quand, rien qu'en étant à côté d'eux, on ressent la paix et peu importe ce qu'ils disent. Même s'isl parlent de la qualité du thé, au lieu de parler des mantras bija, j'apprendrais quand même d'eux. D'une part, c'est vrai, mais vous devez quand même vous écouter attentivement, observer comment votre vie change à la suite de l'interaction

Je pourrais probablement facilement devenir plusieurs fois plus populaire, mais je devrais faire des compromis avec un environnement social trouble. Et pourquoi un si grand nombre d'étudiants qui ne le sont toujours pas ? J'ai trouvé moi-même une issue, je n'ai tout simplement pas besoin de faire un détour, alors tous ceux qui sont inutiles disparaîtront et ceux qui sont capables de comprendre et d'apprendre seront avec moi. C'est la même histoire avec des amis.

Sans aucun doute, j'aimerais publier uniquement sur la nature, les beaux paysages d'Australie et d'autres endroits. Oui, il y a beaucoup de lourdeur dans le monde, beaucoup ne veulent pas voir et entendre tout ce qu'est réellement ce samsara (cycle des renaissances causé par l'attachement au matériel). Cependant, nous ne parlons pas de tomber dans la destruction en enlevant nos lunettes roses. Il faut ouvrir les yeux sur tout, tout en apprenant à garder la maîtrise de soi.

Je vais parler du principe lié à l'activation de l'état inné d'une personne. Notre psychophysique nous est donnée par la Nature, par Dieu ; en faisant des erreurs dans la vie, nous oublions son état initial, parfait. Puisque cet état est profond et naturel, les chakras (centres spirituels, points de jonction des canaux d'énergie, localisés dans le corps humain) existent justement pour éveiller la Shakti (puissance créatrice) à ce niveau-là.

De nombreux textes de yoga et de tantra expliquent que le yogi doit rester concentré sur son objectif unique et ne pas s'égarer dans les siddhis (pouvoirs « surnaturels », perfections spirituelles), qui sont des résultats secondaires. Les vrais yogis ne montrent pas publiquement leurs siddhis ; parfois, ils les manifestent devant des élèves sincères pour les inspirer. Les yogis authentiques restent, en général, concentrés sur un but unique de perfection, et c'est cette perfection que je considère personnellement comme les siddhis.

Les « yamas » (première étape de l'astangayoga : contrôle de soi, règles d'observance morale au nombre de 5) et « niyamas » (deuxième étape de l'astangayoga : discipline morale pour développer 5 vertus essentielles) sont des principes généraux et une condition préalable à la réalisation de l'objectif le plus élevé du yoga. Dans la tradition Natha, yama et niyama sont considérés non seulement comme des principes moraux, mais surtout comme une pratique indépendante qui permet de purifier le corps et l'esprit, le donneur de « siddhis' (réalisations parfaites, perfections spirituelles).

Si vous regardez la quantité de connaissances contenues dans les écritures indiennes, sans même approfondir, alors le désir d'aller vers d'autres traditions disparaît.

À un moment donné, voyant tout cela, j'ai tout simplement arrêté de penser à la quantité. Au contraire, grâce à la concentration yogique, j'ai commencé à examiner plus profondément ce qui se trouve à la vue de tous, mais il y a là bien plus de choses cachées. Le caché donne son « darshan » (vision du divin, bénédictions) justement à travers la sobriété yogique. Ensuite, vous voyez plus profondément les détails particuliers des méthodes yogiques, quelque chose que beaucoup ne remarquent pas.

La nature de Brahman (l'âme universelle, l'absolu) s'étend à l'infini, et c'est là l'attitude juste envers le divin. Selon moi, le nombre neuf exprime davantage un principe de multiplicité, car les nombres commencent par l'unité (Brahman est un), et se terminent à dix, qui est un et zéro (le vide), c'est-à-dire que tout revient à l'unité (l'unité suprême).

Dans les traités alchimiques indiens, dans les descriptions des "samskaras" (procédés) de transformation du mercure, on trouve des termes comme Mahabandha-mudra, Mahavedha-mudra, Shambhavi-mudra, et d'autres. Selon moi, si l'on comprend correctement l'alchimie comme un processus interne, alors le hatha yoga est intrinsèquement alchimique.

Pour moi, l'alchimie représente la transformation profonde de la conscience humaine et c'est ce qui importe le plus sur le chemin spirituel. Je suis heureux d'avoir découvert cette doctrine et de l'avoir adoptée sincèrement. Cependant, tous ne comprennent pas le yoga de cette manière : pour certains, ce n'est qu'un exercice physique, ou ils font semblant de le voir ainsi car c'est à la mode. Mais cette voie revêt une valeur inestimable pour ceux qui saisissent l'essence de la doctrine des Naths.

Être compatissant, mais ne pas s'identifier aux problèmes des autres, surtout si cela ne profite ni à vous-même, ni aux autres. Etudiez la philosophie, mais ne tombez pas dans les dogmes. Cultivez la « bhakti » (dévotion), mais ne soyez pas un fanatique stupide. Le vrai yoga est sans aucun extrêmes.

Le yoga est capable de survivre même dans les conditions les plus dures. Le corps mince (subtil) du yoga se développe et reflète l'Atman suprême, cela se produit dans le processus de la sadhana (pratique spirituelle) constante, finalement, le yoga encourage même le corps grossier. Il devient capable de manifester la réalité spirituelle et de transformer la matière en esprit en suivant son guru et en remplissant son esprit de ce que les inspirations sacrées ont enseigné.

Il faut comprendre que la spiritualité est un domaine où tout dépend de vous, mais seulement si vous êtes prêt à de grands sacrifices. Dans ce domaine, les petits efforts ne suffisent pas. La plupart des gens se perdent dans les trivialités et se satisfont d'une existence profane. Être un disciple ou un sadhaka est la plus grande responsabilité qu'une personne puisse assumer. Yoga et sadhana ne sont pas des passe-temps, mais une offrande totale de soi au devata (divinité) et au chemin spirituel.

Le yoga est orienté sur un état naturel de l'être humain. Nous vivons dans un monde de médias très agressifs et maintenant plus que jamais, nous devons apprendre à vider notre esprit. Je ne dis pas que nous n'avons pas du tout besoin des technologies modernes, mais, de mon point de vue, c'est bien quand elles sont utilisées comme nos outils, mais pas l'inverse.

Plus on se rapproche de l'essentiel, moins on est attaché aux formes mortes, aux constructions mentales ou aux dépendances sociales. Pourtant, l'essence révélée dans les pūjās et le yoga est profondément intérieure et océanique par nature. À ce stade, il n'y a plus d'efforts artificiels pour unir le Soi suprême (Ātman) et l'omniscient Brahman. Les divisions deviennent si conditionnelles qu'on les perçoit comme le jeu divin, « le līlā ».
Cela dit, il ne faut pas voir l'extérieur comme quelque chose de "mauvais" ou le monde comme absolument erroné. Si la Sahaja se manifeste, le monde ne disparaît pas. Sinon, où cette Sahaja pourrait-elle se réaliser ?

Si une personne pratique réellement le yoga comme sadhana, alors son niveau dharmique (dharma=devoir, ensemble des lois naturelles, ordre universel cosmique) sera approprié. Elle ne sera pas trompeuse, au contraire, en sa présence tout mensonge disparaîtra. Je connais de vrais saddhus (saints hommes), grâce à eux, toutes les impuretés de ma vie me quittent, laissant plus d'espace pour une alternative plus valable. Et je l'ai définitivement.

Essayez de lire attentivement ce que j'écris ici : sans une réalisation yogique intérieure, nous ne pouvons véritablement comprendre ni le Guru, ni la Tradition, ni les Devatās, ni quoi que ce soit d'autre.
C'est pourquoi le motif de la pureté personnelle, obtenue grâce à la pratique du yoga et de la sadhana, est ce qui doit primer pour tout yogi.

Les mudras sont des symboles qui « scellent » deux dimensions ensemble. Par conséquent, les mudras sont une sorte de portails de fusion instantanée de la conscience individuelle avec la conscience omniprésente du « parasamvit » (superconscience).

Montagne Kailash et lac Manasarovar

Maha Shiva Ratri — « La Grande Nuit de Shiva » est un moment très favorable à tous égards, favorisant le progrès tant dans la pratique spirituelle que dans la vie matérielle.

Mahashivaratri est célébré chaque année au mois de Phalgun. Des centaines et des milliers d'abonnés se rassemblent aux temples de Shiva et passent toute la nuit à faire des cultes, des pujas spéciaux et des services. Les croyants observent un jeûne strict toute la nuit, parfois sans même boire d'eau.

Tout d'abord, en cette nuit, les Nathas vénèrent Shiva Gorakshanath, puisque Gorakshanath est « Shiva-svarupa » - l'essence de Shiva, dans laquelle se trouve tout l'univers manifesté et non manifesté.

SHIVA

De toutes les histoires sur Mahashivaratri, j'aime celle dans laquelle Shiva a bu du poison après avoir agité l'océan. Les Devas lui ont conseillé d'être en complète relaxation, mais de ne pas s'endormir la nuit après avoir bu le poison. Pour éviter que Shiva ne s'endorme, ils ont joué des « bhajans » (musique et chants spirituels indiens) sur des instruments de musique et ont dansé.

A mon avis, cette histoire a une signification yoguique et tantrique. Nous devons tous boire le poison du « samsara » (cycle des renaissances), comme Shiva, et, pour qu'il ne nous détruise pas, notre feu intérieur et notre lumière intérieure doivent être éveillés.

Pour cela, nous effectuons notre pratique spirituelle intensive.

En tant que « Nirguna-Brahman », Shiva est au-delà de toutes les qualités et en tant que « Saguna-Brahman », Il se manifeste comme les trois gunas (humeurs, qualités conditionnant les êtres humains).

Je vais partager quelques réflexions sur les mondes manifesté et non manifesté. Shiva possède deux Shaktis intéressantes : anugraha-shakti (le pouvoir de révélation) et tirodhana-shakti (le pouvoir de dissimulation). On entend souvent les prédicateurs parler de l'importance de porter la lumière et la pureté à l'humanité. Mais comment cela s'accorde-t-il avec la notion de tirodhana ? C'est simple : il faut réfléchir à quoi partager et à qui.

Quelques étincelles de lumière

Pujas, Abishek, homa...

Les pujas aident à activer un mantra, un mantra activé est celui qui libère son potentiel. La libération ou l'éveil de Shakti (puissance Divine féminine créatrice, source de tous pouvoirs), s'accompagne d'un état de repos (shanti) et de pureté (niranjana) qui est l'état du yoga.

Puja à Yogi-Guru Gorakshanath

Quelques gouttes de nectar

Le Guru

« Celui qui par son enseignement dissipe complètement les doutes variés, il doit être reconnu comme un vrai guru et non le simulateur avec ses fausses prétentions. »

Siddha-Siddhânta-Paddhati (le guide des principes des siddhas), cinquième enseignement, l'identité des saveurs (sama-rasa), vers 66, traduit par Tara Michaël, éditions Almora, 2012

« Celui qui, rien que par sa parole, ou rien que par son regard, ou rien que par le regard que le disciple abaisse sur ses pieds, amène instantanément et incessamment la paix parfaite, c'est lui le vrai guru. Sinon, sans la réintégration dans cette paix parfaite (visrânti) qui est innée, l'identité de saveur (sama-rasa) entre les deux corps (l'individuel et le suprême) ne se produit pas. »

Siddha-Siddhânta-Paddhati (le guide des principes des siddhas), cinquième enseignement, l'identité des saveurs (sama-rasa), vers 68, traduit par Tara Michaël, éditions Almora, 2012

Akhandamandalakaram vyaptam yena carâcaram

Tad padam darsitam yena tasmai srigurave namah

« *À ce Shri Guru, l'unique, celui qui imprègne toute la forme ininterrompue du cercle de la création, en mouvement et immobile.*

Je m'abandonne et rends mes hommages à ce beau et bienveillant Guru, qui dissipe les ténèbres de l'ignorance par la flamme de la connaissance pure et par lequel cet état m'a été révélé. »

Yogi MATSYENDRANATH MAHARAJ avec Yogi MITLESHNATH MAHARAJ

Yogi MATSYENDRANATH MAHARAJ avec Yogi KAMALNATH MAHARAJ (le guru de Yogi MITLESNATH MAHARAJ)

Sans Guru upasana (la méditation, l'hommage, le culte du Guru), il ne peut y avoir de relation parfaite avec Devata (Dieu) et sans attitude juste envers le Guru, il ne peut y avoir de succès dans Guru upasana.

Quand vous rencontrez un véritable Guru, vous recevez une samskara, une tendance spirituelle parfaite. Cette samskara peut être transmise à travers le rituel d'initiation (diksha), qui oriente l'élève sur le chemin idéal vers le but parfait, le sadhya.
Avec une samskara bien établie, vous recevez un outil parfait, la sadhana, qui vous permet de réaliser votre objectif. Quand les graines de la samskara sont semées sur un terrain favorable, elles créent les conditions de "croissance" (le chemin spirituel) et de "sadhana-phala" (les fruits de la pratique), que l'on appelle aussi les siddhis (perfections spirituelles). La sadhana représente la méthode juste.

Quand quelqu'un dit que les gourous ne rêvent que d'avoir des êtres courbés à leurs pieds, je considère ces gens-là comme des idiots. Parce que ceux qui ont réellement atteint le niveau où ils peuvent être Guru, savent ce qui se passe. Celui qui s'incline se débarrasse de son karma négatif, et celui qui accepte qu'on s'incline à ses pieds le prend.

dhyānamūlaṁ gurormūrtiḥ
pūjāmūla ṁ gurupadam |
mantramūlaṁ guruvākyaṁ
mok ṣamūla ṁ gouruk ṛpā ||

« *Le visage du gourou est la base de la méditation, les pieds du gourou sont la base du culte. Le discours du gourou est la base du mantra, la grâce du gourou est la base de la libération.* »

En effet, comme il est dit dans ce verset, c'est ainsi. Cependant, le sens de ce verset réside dans l'attitude correcte envers le gourou, qui n'est pas caractéristique de beaucoup, en particulier dans l'environnement occidental, y compris parmi les soi-disant « praticiens spirituels ». Cela se produit parce que ceux qui se déclarent sādhakas en Occident sont soumis aux tendances de l'environnement général, où de nombreuses illusions de masse sont cultivées. Mais, si vous connaissez profondément le sujet des mantras, alors le mantra est la Déité, et le gourou est un bon pratiquant. Un bon pratiquant est celui qui a réalisé le mantra (c'est-à-dire le Divin en lui-même). En conséquence, le transfert du mantra se fait bien sûr du gourou au disciple, mais c'est essentiellement la Déité elle-même qui se « transmet » à travers le gourou au disciple. Je propose de réfléchir à l'importance, à la profondeur et au caractère sacré de ce processus.

Mon Gurudev m'a dit : « *alag alag samadhi sab bakwas he, keval ek samadhi he...* » - « Samadhi n'est qu'une chose, tout le reste est la spéculation des intellectuels ». D'ailleurs, Swatmarama en a également parlé dans le livre « Hatha-Yoga Pradipika ».

Le Guru m'a dit que la vraie connaissance s'acquiert par le dhyana (méditation profonde menant au samadhi), seule une telle connaissance est parfaite. Tout le reste n'est qu'une information, une vérité de l'esprit, qui peut conduire n'importe qui à une sorte d'idée fausse ou à une autre.

L'alchimie intérieure est ce qu'un Guru réalisé enseigne aux disciples spirituellement mûrs et, dans tous les cas, la base de tout est la fusion des polarités, c'est-à-dire la réalisation du yoga.

Mon Guruji m'a transmis la plupart de ses connaissances en silence. Oui, les gens en ont perdu l'habitude, mais la Vérité s'apprend en silence ! Le monde est rempli de bruit et d'ordures qui nous éloignent du yoga. Mais ce n'est pas réaliste, car le yoga, c'est ce que nous sommes, c'est en nous !

Et il me suffit d'être proche du Guru, même en silence. Et tout se passe tout seul

Dans le silence émanant de mon Gurudev se trouve l'univers entier. Cela devrait-il être remplacé par autre chose ?

Pour moi, le Guru est bien plus important que les Neuf Nathas, les Dévas, la Sampadaya ou les écritures, non parce que ces derniers sont insignifiants (ils sont essentiels), mais parce que le Guru ouvre la voie vers tout cela. Cette diversité est une manifestation de la grande Shakti, et c'est cette Shakti qui fait d'une personne un Guru.

Si le gourou mâchait tout pour vous, alors il n'y aurait pas de pratique personnelle pour vous changer. Tous les vrais Maîtres n'apportent que les corrections essentielles, laissant la possibilité de faire son propre effort.

Mon Guru m'a souvent dit que Dieu n'a écrit aucun livre, mon Guru est inhabituel, il y a peut-être quelque chose en nous qui résiste quand on entend cela, mais Gurudev a en tout cas raison, je n'ai pas le moindre doute là-dessus.

À un moment donné, le Guru m'a dit : « Souviens-toi une fois pour toutes que tu ne fais pas partie de ce monde. » Et je m'en suis souvenu. Je le recommande également aux autres. Nous n'avons pas pour tâche de rester coincés dans les labyrinthes du samsara, en simulant une guerre avec lui. Apprenez à séparer le bon grain de l'ivraie.

Vous devez examiner ce qui vient d'une personne, dans quelle mesure cela est adéquat ou, si elle n'aime pas du tout parler, si la paix vient d'elle. J'ai parfois rencontré de tels yogis quand, rien qu'en étant à côté d'eux, on ressent la paix et peu importe ce qu'ils disent. Même s'ils parlent de la qualité du thé, au lieu de parler des mantras bija, j'apprendrais quand même d'eux.

D'une part, c'est vrai, mais vous devez quand même vous écouter attentivement, observer comment votre vie change à la suite de l'interaction.

Quand quelqu'un dit : « je veux apprendre », cela signifie qu'il ne sait pas, pour le moment, ce qu'il voudrait apprendre. Mais beaucoup de gens se comportent comme s'ils savaient. C'est pourquoi c'est très souvent une situation absurde. Je pense que de nombreux maîtres en Inde ne veulent pas sérieusement enseigner aux étrangers, pas seulement à cause du « jati » (naissance), mais ils ne veulent pas parce que personne ne va vraiment étudier.

Très souvent, les gens sont confrontés à divers problèmes. Presque tous les gens disent qu'ils n'ont rien fait de mal dans leur vie, qu'ils ne sont que des anges. Ils demandent des « pratiques magiques ». Mais s'ils me mentent en disant qu'ils n'ont rien fait de mal, alors ils me voient comme un idiot, ça se passe comme ça. Mais si vous le pensez, n'êtes-vous pas idiot de demander des méthodes de travail à un « connard » ? Comment les gens peuvent-ils changer s'ils mentent presque toujours ? De quoi peux-tu leur parler ? Ils n'arrêtent pas une minute d'essayer de manipuler. La question est : ont-ils vraiment besoin de gourous ? Ou peut-être que les psychiatres seront la solution idéale pour eux ?

Mentir aux enseignants spirituels équivaut à aller chez le médecin et à lui mentir au sujet de vos symptômes.

Il est triste qu'en Occident, il devienne à la mode de recevoir de plus en plus de dikshas (initiations spirituelles) et de statuts conditionnellement plus élevés. Et personne ne veut réaliser les sadhanas (pratiques spirituelles) elles-mêmes, même les plus simples. Quand je dis cela ouvertement, beaucoup sont offensés, ne comprenant pas à quel point l'altruisme et la motivation sont importants. Et maintenant, dans 99% des cas, le yoga, qui est conçu pour détruire l'ahamkara (l'égo, l'orgueil), le gonfle au contraire.

On croit que le pouvoir, la Shakti, la grâce divine, émane des pieds du Gourou., ou d'un saint. Donc, dans beaucoup d'écoles religieuses, il y a « paduka-puja », la pratique du culte (ablution des) pieds du gourou (si le gourou est vivant et présent ici) ou les padukas du gourou (s'il est absent).
Naths considèrent que les pieds du gourou mènent à la rédemption spirituelle. Les deux pieds de gourou représentent Shiva et Shakti, ou Prakasha et Vimarsha et ensemble symbolisent leur union (samarasya). On croit que le gourous-padukas éliminent même les différences les plus subtiles de dualité.

Il n'est pas nécessaire de m'embrasser les pieds. Et bien sûr, je sais que dans de nombreux endroits en Inde et même au-delà, les disciples lavent les pieds de leur Guru, puis boivent cette « charanamrita » (l'eau bénite). Mais je n'ai jamais exigé cela de mes étudiants, même si cela est vrai quelque part. J'étais moi-même prêt à faire cela par rapport à mon Guru, mais aucun de mes professeurs n'a jamais été partisan de cela. Il ne s'agit pas d'une action extérieure ; il y a déjà suffisamment dans cette vie à travers laquelle nous pouvons exprimer la pureté de nos intentions.

Patanjali dans ses sutras dit que l'ignorance est un « faux pari », quelque chose qui apporte de la douleur et de la souffrance. Le Guru m'a dit que la connaissance limitée associée au « prapancha » (diversité, multiplicité, monde phénoménal)), qu'il a appelé « -vidya » (connaissance relative), est également de l'ignorance, et que la connaissance est précisément une connaissance spirituelle, « Para-vidya ».

Ce qui est considéré comme une connaissance pour une personne normale peut être de l'ignorance pour un yogi.

La tranquillité de l'esprit, qui est révélée dans le yoga, est essentielle pour devenir disciple. Car, la paix est l'absence de projections sur son Guru. La paix est une condition du processus d'apprentissage. Si nous plongeons dans nos projections, même s'il y a un Guru, en fait, il n'est toujours pas là.

On pense que le Guru est important, précisément en tant que personne vivante, capable de corriger très concrètement son disciple, son étudiant. Le Guru est considéré comme une manifestation du Paramatma (l'âme suprême), une telle perception est importante pour l'étudiant car dans ce cas, il sera toujours concentré sur le bon objectif, cela le rend discipliné.

Pour moi, le Guru est une personne qui est devenue Shiva lui-même en méditant sur lui. Parce que ce sur quoi vous méditez est ce que vous devenez. Lorsque le Guru donne une initiation, cela signifie que l'initiation vous est donnée par Shiva lui-même.

Il existe un concept tel que la loyauté que beaucoup comprennent mal. En fait, la dévotion envers guru, Shiva est liée à deux chakras : sahasrara (localisé au sommet du crâne) et ajna (situé au milieu du front, entre les deux sourcils). La loyauté, c'est quand vous suivez complètement les instructions, alors tout votre psychophysique se réunit, tout s'aligne. (…)

La relation parfaite entre le disciple et le guru, c'est la condition la plus rare en ce monde. Il n'y a rien de plus haut que ça, ça mène à « samadhi » (unification du Divin en soi). Ceci est lié au chakra ajna, lorsque notre véritable volonté, la vraie volonté du guru et celle de Shiva coincident complètement. C'est l'art le plus important. Et la tâche d'un être humain, en ce monde, est la capacité d'intégrer le vrai soi, le soi le plus pur et résolu. C'est ce que nous appelons dans Nath-Sampradaya « Adesh », bien que peu de gens en comprennent le vrai sens et l'essence de nos jours. Mais, il faut le réaliser, parce que le yoga est dedans.

Ce que vous projetez sur le Guru, ou la Déité, est ce que vous recevrez pour vous-même en plus grande quantité.
Si vous voyez l'univers dans Gorakshanath, alors vous le découvrirez en vous-même.

Il arrive parfois que les niveaux de pratique « les plus simples » contiennent tous les autres, y compris les plus élevés. (…) Mon Guru m'a dit un jour que pour certains, un seul mantra suffit à réaliser tous les autres. C'est juste que, dans ce cas, cela se pratique plus en temps et en profondeur. Un indicateur est, par exemple, que vous pouvez maintenir l'état d'un mantra dans un rêve. Cette pratique est alors appelée yoga nidra

Tous les rituels externes sont construits conformément aux processus macrocosmiques, les pratiques yoguiques reflètent le macrocosme. Pour celui qui connaît ces aspects, peu importe le type de yoga-sadhana pratiqué : mantra yoga ou hatha yoga, parce que, pour lui, c'est vraiment une pratique consciente, il est dévoué à son guru et le guru corrige sa sadhana.

Différents types de « samadhi » (union avec le divin, enstase) sont tous basés sur la connexion de la vacuité et de la forme du micro et macrocosme et tout cela est le « Guru-yoga ». Cela signifie que toutes les pratiques ne sont pas des techniques sans âme sur des ponts de lumière, des carrés et des cercles, des picotements, des bijas (graines, semences) incompréhensibles, tout cela a une signification plus large et plus pratique, associée à votre Guru.

Gorakshanath est le patron des yogis. La tâche du guru n'est pas de fixer le disciple à lui, ou à quelqu'un ou quelque chose, mais d'aider à se trouver, explorer ses possibilités qui ont été données d'en Haut.

Chez Natha sampradaya (tradition Natha), le respect du Guru et de la « parampara » (lignée spirituelle) joue un grand rôle, car l'exactitude de la « sadhana » (pratique spirituelle) en dépend.
Il y a une grande signification ésotérique dans le Guru-yoga.

La particularité des enseignements de mon Guru réside dans leur logique irréfutable et leur exactitude, tout en étant paradoxalement atypiques pour de nombreux "pratiquants".
Je constate toujours que mon Guru sait précisément de quoi il parle. Notre dialogue reflète parfaitement l'approche essentielle des Nathas : aucune distraction, rien d'inutile, uniquement l'essentiel, destiné aux sadhakas spirituellement et intellectuellement matures.

Il est essentiel de comprendre que la tradition du yoga n'est pas un centre de yoga, ni un style à la mode qui émerge comme une marque déposée. La tradition, c'est la vie elle-même, avec ses millions de pratiquants diversifiés. La sadhana ne nous donne rien que nous ne possédons déjà, ni quelque chose qui ne reflète pas notre véritable essence. Un véritable Guru nous enseigne à être authentiques, débarrassés de toute fausseté superflue. Selon la doctrine du yoga, notre vraie nature est pure, éternelle et pleine de perfection.
Personnellement, je n'ai jamais rencontré de difficulté avec des disciples sincères, désireux de travailler sur leur pureté intérieure, ni, bien sûr, avec les vrais Siddhas (êtres réalisés). Que l'on y croit ou non, je partage ici mon expérience réelle.

Il est évident que ce n'est pas nous qui donnons des instructions au Guru. Cela serait un signe d'irrespect, voire d'ignorance. Le Guru a reçu un « ordre divin » (celui d'une Devata), et qu'il en est le porteur. Le Guru incarne ainsi une mission spécifique dans ce monde, et à travers lui s'exprime la volonté de la Devata, que l'élève doit percevoir.
Cependant, cette perception ne peut se faire par le biais des vritti (les fluctuations de l'esprit). (...) Pour percevoir cette volonté, l'élève doit s'ouvrir à l'humilité et à la tranquillité de l'esprit (vritti-nirodha).

Lorsque cette condition est remplie, le Guru et les Devatas cessent d'être des « objets inanimés » à exploiter pour obtenir des dikshas spéciales ou des pratiques ultra-secrètes (destinées à être revendues ou utilisées pour des ambitions égoïstes, transformant l'élève en un Ravana). Ils deviennent alors vivants et porteurs de Shaktipat (transfert d'énergie divine), de transformation et d'illumination pour l'élève, le menant à l'état d'Avadhu (un être libre, détaché).

REMERCIEMENTS :

Toutes les photos qui figurent dans ce livre sont issues de publications sur internet, ou ont été publiées par des étudiants, des disciples de Sri Guru Yogi Matsyendranath Maharaj, ou lui-même, via ses réseaux sociaux. Que tous les auteurs de ces photos soient remerciés chaleureusement.

J'éprouve une gratitude infinie envers Sri Guru Yogi Matsyendranath Maharaj, rencontré en 2013 en cette vie, avec Karunamayi (Caroline).
Avant même qu'une seule parole ne soit prononcée, nous avons toutes les deux senti dans nos cœurs que c'était lui le maître spirituel qui pouvait nous guider. Il est immédiatement devenu une personne essentielle dans notre vie. Il est celui qui nous montre la lumière et nous donne les moyens de nous purifier, d'avancer spirituellement.

Gratitude également envers son mula-guru, Yogi Mitleshnath Maharaj, ainsi que Sri Guru Yogi Kamalnath Maharaj;le guruji de Mitlesnath et envers toute la lignée de Nath-Sampradaya.

Toute ma gratitude aussi à Karunamayi (Caroline Ribeiro), qui m'a amenée au yoga, qui me l'enseigne jour après jour. Le yoga est infini, le yoga est vérité. C'est une voie naturelle, essentielle, qui nous offre la possibilité de retrouver notre vraie nature, faite d'éternité, celle de l'âme et de faire l'expérience directe du Divin en soi. Le yoga m'est devenu aussi vital que l'air que je respire.

Je remercie Florence pour son aide quant à la mise en page de ce livre, sa contribution précieuse en transmettant les messages et photos de Yogi postés sur ses réseaux sociaux, auxquels je ne suis pas abonnée et pour tout le reste.

Merci à Luc, pour son éclairage quant à la traduction au plus juste de certains termes sanskrits, permettant une meilleure compréhension.

Merci à Tara pour son travail remarquable de traduction de textes de yoga, sacrés essentiels en français. Merci à Madhu, pour l'organisation de la venue de Yogiji en France, depuis maintenant plusieurs années.
Pour les personnes intéressées, sachez que Tara et Madhu ont créé le « Centre Nath-Sampradaya » à Arles, où ils organisent des cycles de formation sur 4 ans, sous la guidance de Yogi. Un enseignement sérieux, l'étude des sources authentiques du yoga traditionnel, donnant une orientation juste et des bases solides.